Exit Covid

Dr. Hubert Niedermayr

Exit COVID

Plädoyer für die
Impfpflicht

ueberreuter

Haftungsausschluss: Der Inhalt dieses Werkes stellt die persönliche Meinung des Autors dar. Das Werk inklusive aller Inhalte wurde unter größter Sorgfalt erarbeitet. Dennoch können Druckfehler und Falschinformationen nicht vollständig ausgeschlossen werden. Der Verlag und auch der Autor übernehmen keine Haftung für die Aktualität, Richtigkeit und Vollständigkeit der Inhalte des Werkes, ebenso nicht für Druckfehler. Es kann keine juristische Verantwortung sowie Haftung in irgendeiner Form für fehlerhafte Angaben und daraus entstandene Folgen vom Verlag bzw. Autor übernommen werden.

1. Auflage 2021

ISBN 978-3-8000-7784-7

Lektorat: Marie-Christine Leitgeb, www.diesprachagentur.com
Covergestaltung: Saskia Beck, s-stern.com
Satz: Hannes Strobl, Satz·Grafik·Design, Neunkirchen
Druck und Bindung: Finidr s. r. o., Cesky Tesin

www.ueberreuter.at

Inhalt

Einleitung 7

Covid-19: Die Fakten 26
Entstehung und Entwicklung 26
Gefährlichkeit 30
Ausbreitung 34
Impfstoffentwicklung 35
Gesellschaftliche Auswirkungen 38
Impfpflicht? 41

Die Geschichte der Impfung – in aller Kürze 43

Die Ebene des Rechts: Muss ich mich impfen lassen? . . 58
Allgemeines 58
Rechtsgrundlagen 61
Prüfung der rechtlichen Zulässigkeit einer Impfpflicht 70

Die Ebene der Moral: Soll ich mich impfen lassen? 113
Allgemeines 113
Pflichtenethik: Gut ist, was das Vernunftgesetz vorgibt 115
Der Utilitarismus: Gut ist, was der Mehrheit nützt. . . . 129
Die Tugendethik: Gut ist der Charakter, der Gutes hervorbringen kann. 142
Die Medizinethik: prinzipienbasiert, aber einzelfallbezogen 147
Ist eine Impfpflicht moralisch zulässig/erforderlich? . . 155

Schlussbemerkung 166

Einleitung

Covid-19 tötet. Es gibt weltweit über vier Millionen Todesfälle, die auf diese Krankheit zurückzuführen sind. 200 Millionen Menschen sind daran erkrankt, wobei der Großteil auf die Vereinigten Staaten, Indien und Brasilien entfällt.[1] Und das sind nur die offiziellen Zahlen. Ist diesen zu trauen? Kaum. Zum einen kann man berechtigt hinterfragen, ob staatliche Aufzeichnungen stimmen. Brasiliens Präsident Jair Bolsonaro etwa hat kein allzu großes Interesse daran, hier mit offenen Karten zu spielen.[2] Andererseits gibt es oft gar keine verlässlichen Erhebungen. Wie will man auch in einem Vielvölkerstaat wie Indien solche Messungen anstellen? Mit mehr als einer Milliarde Einwohner*innen und ohne funktionierendes Meldesystem?[3] Covid-19 ist, soviel ist sicher, eine erschreckende Pandemie, die weltweit ihren tödlichen Tribut fordert.

Covid-19 ist ein Fake. Coronaviren sind schon seit Jahrzehnten bekannt und in Umlauf. Wenn überhaupt, dann ist dieses Krankheitsbild noch am ehesten mit einer Grippe zu vergleichen. Auch an solchen sterben jährlich Millionen Menschen, bei Grippewellen hat es jedoch noch keine Lockdowns gegeben. Menschen sterben, unabhängig von Covid-19. Das war schon immer so und wird immer so sein. Unter bloßem Hinweis auf diese angebliche Pandemie Wirtschaften herunterzufahren, ja ganze ökonomischen Systeme zu zerstören, muss andere Hintergründe haben. Greift nicht etwa Bill Gates nach der Weltherrschaft? Kommt es diesem nicht gelegen, seine Impfstoffe nun auf den Markt bringen zu können – womöglich versetzt mit Mikrochips, die uns steuern sollen? Und ist nicht generell der Hinweis auf Covid-19 von den Regierungen dankbar aufgenommen worden, um Macht über die Menschen zu gewinnen? Wie wäre denn anders die aktuelle Beschränkung unserer Freiheitsrechte möglich gewesen?[4]

Selten waren unsere Gesellschaften derart zweigeteilt wie in diesen Monaten. Diese beiden Ansichten sind weit verbreitet und werden alltäglich in Familien, an öffentlichen Orten und manchmal auch im eigenen Bewusstsein diskutiert. Regelmäßig prallen hier die Fronten aufeinander: Hier die einen, die mit Vernunft argumentieren und nicht einsehen können, wie der andere Teil der Gesellschaft in Verschwörungsfantasien abdriftet und das, was sich vor den eigenen Augen abspielt, nicht wahrhaben will; dort wiederum jene, die ebenso Vernunft im Banner führen und völlig entsetzt der Mehrheitsmeinung gegenüberstehen, die als sogenannte „Schlafschafe“ nicht „erwachen“ wollen und nicht erkennen können, dass wir alle von verschiedenen Mächten gesteuert werden, die ein pandemisches Geschehen bloß konstruieren.[5]

Das ist zugespitzt, gewiss. Beide Varianten lassen sich noch weiter differenzieren: Einig sind sie sich oftmals nur in der Kritik an verschiedenen politischen Maßnahmen. Manchen erscheinen sie unzureichend, den anderen gehen sie zu weit. Im zuletzt genannten Lager findet sich zunächst die Auffassung, die Covid-19 zwar als Krankheitsbild anerkennt, diesem aber eine höhere Gefährlichkeit abspricht. Extremer ist diejenige, die – mit dem schon genannten brasilianischen Präsidenten Bolsonaro und verschiedenen Rechtspolitiker*innen (vorwiegend im Übrigen Männer) an der Spitze – nur eine Propaganda der „Linken“ erkennen kann, einen ersonnenen Hype, um die Menschen zu ängstigen, zu knechten, kurzum: eine Verschwörung mächtiger Player gegen individuelle Freiheit.

Viel ist diskutiert worden, ob diese Verengung des öffentlichen Diskurses auf die Strukturalität unserer sozialen Netzwerke zurückzuführen ist. Facebook, Instagram und andere sind in ihren Algorithmen bekanntlich auf maximale Zuspitzung programmiert. Likes bekommt, was polarisiert, Klicks, was agitiert. Die im System verankerten Marker erkennen sofort, worauf die Gemeinschaft anspringt. Diese Beiträge werden dann gerade auf den Profilen, die nach den algorithmischen Erkenntnissen daran interessiert sein könnten, vorgeschlagen. „Das könnte dich interessieren“ ist dann schon der Wink mit dem sprichwörtlichen Zaunpfahl, der Nutzer*innen zum Klick anregt. Dieser Mechanismus potenziert sich mit atemberaubender Geschwindigkeit – und führt zu einer Situation, die wir alle als Filterblase kennen.

Der Internetexperte Eli Pariser hat die Methode bereits 2011 in seinem Standardwerk *Filter Bubble. Wie wir im Internet entmündigt werden* (München 2012) dargelegt. Webseiten sind wissbegierige Schwämme: Sie saugen alles an Information auf, was verfügbar ist. Gerade soziale Netzwerke haben es darin zu besonderer Meisterschaft gebracht. Unvorstellbare Datenmengen sind an verschiedensten Speicherorten gelagert und stehen jederzeit für Auswertungszwecke zur Verfügung. Gerade persönliche Daten sind es, die das besondere Interesse dieser Netzwerke wecken. Bestellungen auf eBay oder Amazon, Klicks und Likes auf den Plattformen selbst und überhaupt der Browserverlauf erlauben es, eine präzise Einschätzung der Person vorzunehmen. Vorlieben, Interessen, ja selbst sexuelle Ausrichtung und politische Einstellung lassen sich aus diesem so überwältigend erscheinenden Datenstrom herausfiltern. Sogar Voraussagen über konkretes persönliches Verhalten können auf dieser Basis mit hoher Treffergenauigkeit getroffen werden.

Seit der Brexit-Kampagne und der Wahl von Donald Trump zum US-Präsidenten 2016 und dem darin verankerten Skandal um Cambridge Analytica 2017 haben sich die Methoden noch verfeinert. Soziale Netzwerke sind rechtlich weitestgehend nicht reguliert. Entsprechende Initiativen werden zwar oft angekündigt, können jedoch meistens kaum tatsächliche Wirkung entfalten. Auch die EU-Datenschutz-Grundverordnung ist großteils ein zahnloser Tiger.

Um die Fäden zusammenzuführen: Das Netz weiß mehr über andere Personen als wir. Vielleicht weiß es sogar mehr von uns, als wir es selbst tun. Unsere bisherigen Netzaktivitäten erlauben mit hoher Treffergenauigkeit unsere Vorlieben, Neigungen und Einstellungen, ja unsere Weltsicht zu erkennen. Soziale Netzwerke bündeln dies, und das hat eine logische Folge, die wir leider nur selten erkennen: Wir leben in einer elektronischen Echoblase. Wir bekommen nur zu sehen, was unseren Neigungen entspricht. Uns wird nur vorgeschlagen, was wir ohnedies richtig finden – und der Rest wird ausgeblendet.

Menschen, die Covid-19 als Gefahr sehen, vielleicht Bekannte und Familienmitglieder erkranken oder sogar sterben gesehen haben, werden sich durch die vom Netzwerk generierte Umgebung bestätigt fühlen. Postings, die vor den Gefahren verfrühter Lockerungen und Nachlässigkeiten warnen, festigen die eigene Auffassung. Leugnende oder relativierende Meinungen dringen hier nur als bizarre Verfremdungen durch: Hundertfach werden abfotografierte Posts oder Kommentare von Andersgläubigen geteilt, an denen die Aufklärung der letzten 250 Jahre völlig spurlos vorbeigegangen zu sein scheint; feixend werden diese lächerlich gemacht und ihnen jegliche Intelligenz abgesprochen.

Die Antipod*innen sind nun gewiss nicht weniger zimperlich, im Gegenteil: „Schlafschafe", so deren Synonym für verantwortungsbewusste Mitbürger*innen, sind ganz einfach noch nicht so weit, die wahre Struktur der modernen Welt zu durchschauen, sie „checken's einfach nicht". Flankiert von (ehemaligen) Wissenschaftler*innen, Ärzt*innen und selbst ernannten Profis will man die Mär von der Pandemie als solche entlarven. Bill Gates, George Soros, aber auch Hillary Clinton, die Weltbank, Reptilienmonster wären die Drahtzieher*innen.[6] Auch die hässliche, aber noch immer quicklebendige Fratze der „jüdischen Weltverschwörung" erhebt wieder ihr schändliches Haupt in gewissen Kreisen.[7] Medien, Wissenschaft und Tatsachen gelten in diesem Metier nur, wenn sie zur eigenen Weltsicht passen. Vorwiegend sind dies „alternative Fakten", die jedoch nichts mit der Welt, in der wir tatsächlich leben, zu tun haben müssen.[8]

Diese Ausgangssituation macht es für Regierungen, Gesundheitsbehörden und auch jeden Menschen selbst äußerst schwierig, sich eine unvoreingenommene Meinung bilden zu können. Von allen Seiten strömen Informationen auf uns ein, die wir in aller Regel kaum den Attributen richtig und falsch zuweisen können. Letztlich sind wir hier zum Großteil auf die Verlässlichkeit der Quellen angewiesen; kaum einer der hochkomplexen Inhalte kann von uns selbst auf Plausibilität, geschweige denn Richtigkeit überprüft werden. Wir alle haben wohl keine tiefergehenden akademischen infektiologischen oder virologischen Kenntnisse, um uns selbst ein verlässliches Bild machen können.

Dennoch plädiere ich dafür, sich des eigenen Verstandes zu besinnen. Die moderne Informationsgesellschaft überflutet uns mit allerlei Daten; oft hat es den Anschein, als wäre es unmöglich, diese sinnvoll zu verarbeiten. Den Begriff des Informationsüberflusses führen wir in unser aller Munde.[9]

Aber kann es wirklich eine Option sein, die Hände in den Schoß zu legen? Sich damit abzufinden, dass wir selbst richtig von falsch nicht mehr unterscheiden können? Konsterniert, aber achselzuckend zu schließen, dass die moderne Welt eben nun einmal so sei? Dem setze ich ein klares Nein entgegen. Gerade in Zeiten der schwersten Gesundheitskrise auf dem europäischen Kontinent in den letzten hundert Jahren ist es wichtiger denn je, das eigene geistige Vermögen zu aktivieren. Ich will zeigen, dass es die ureigenste ethische Verantwortung einer jeden Person ist, sich kein intellektuelles Durchhängen zu erlauben. Im Gegenteil: Es ist unser aller Auftrag, Informationen zu selektieren, Wertigkeiten festzusetzen und danach zu entscheiden.

Das setzt voraus, dass wir Zeit und geistige Energie investieren. Dessen bin ich mir bewusst. Es kann auch sein, dass uns das ängstigt, wenn wir die wahre Dimension der gegebenen Bedrohungslage erkennen. So aber und nicht anders funktioniert Leben! Wir sind seit Jahrtausenden darauf angewiesen, Entscheidungen zu treffen. Auch wenn uns teilweise die Genetik anderes sagen will: Wir können unser Leben selbst bestimmen. Unsere Entscheidungen sind nicht von den Genen, von der Umwelt oder einer sonstigen externen Stelle vorgegeben.

Diese Fähigkeit steht uns nicht gratis zur Verfügung. Wir können Reize unserer Umwelt mit allen Sinnen aufnehmen, diese für uns angemessen aufbereiten, und konstituieren so unser Weltbild. Dieses ist letztlich unser Welterklärungsmodell. Wir lesen die Umwelt schließlich so, wie sie in unser Weltbild passt. Dessen müssen wir uns bewusst sein und danach handeln. Im Gegenzug müssen wir uns dieser Verantwortung würdig erweisen. Leben bedeutet: informieren, beurteilen und entscheiden.

Die Welt in Zeiten von Covid-19 ist hier keine Ausnahme. Im Gegenteil: Unser aller Leben ist davon betroffen! Wenn wir uns infizieren, können wir erkranken. Einzelne von uns schwer, manche können sterben. Dies passiert auch tagtäglich überall auf der Welt. Eine erste Entscheidung ist es daher, die Möglichkeit, dass ein solches Krankheitsbild tatsächlich existiert, überhaupt geistig zuzulassen. Dann stellt sich die Frage: Wie kann ich mich dagegen wappnen? Handhygiene, Abstand und vor allem das Tragen von Masken haben sich als äußerst wirkungsvoll herausgestellt. Unabhängig von einer allfälligen rechtlichen Verpflichtung dazu, verantwortungsvoll zu fragen – kann ich mir das überhaupt vorstellen? Lasse ich mir meine individuelle Freiheit durch eine solche Vorgabe überhaupt einschränken? Oder boykottiere ich derartige nach Kräften – und nehme dadurch eine weitere Verbreitung, endlose Lockdowns, ja sogar meine eigene Infektion in Kauf?

Schon diese Entscheidungen sind im Spannungsfeld individueller Freiheit und gesellschaftlicher Verantwortung angesiedelt. Das für mich, nach meinen Maßstäben, Beste muss nicht dasjenige sein, das für den sozialen Umkreis optimal ist. Mich kann etwa das Tragen einer FFP2-Maske stören – meiner Familie, mit der ich einige Stunden am Tag in geschlossenen Räumen verbringe, jedoch die Gefahr einer Ansteckung ersparen. Ganz zu schweigen von der gesamt-gesellschaftlichen Verankerung: Jede einzelne Infektion ist die Basis für eine weitere Verbreitung des Virus, jede Einzelne schafft die Grundlage für Mutationen. Jede Einzelne verstärkt daher das Risiko, selbst (nochmals) zu erkranken und auch geliebte Menschen zu gefährden.

Die Impfung scheint all diese Risiken mit einem Schlag einzudämmen. Nach den aktuellen, nun gesicherten Erkenntnissen sind Impfungen gegen Covid-19 sicher. Von wenigen schwerwiegenden Impfreaktionen abgesehen, bieten die hierzulande verfügbaren Präparate weitgehende Sicherheit gegen schwere Krankheitsverläufe, die einen Spitalsaufenthalt notwendig machen und gegebenenfalls in Lebensgefahr münden. Auch leichte Krankheitsverläufe können bedenklich sein: Long Covid fasst Zustandsbilder zusammen, die noch Monate nach einer Infektion teilweise schwerste Folgen im Bereich der Lungenfunktion, neurologischer Strukturen und der Denkfähigkeit nach sich ziehen können. Das Risiko leichter Verläufe wird durch eine Impfung deutlich herabgesetzt.

Auch die Impfung kann allerdings nach allem, was wir derzeit wissen, nicht ganz vor einer Infektion und Übertragung des Virus selbst schützen. Nach den aktuellen mathematischen Modellen kann allerdings verlässlich gesagt werden, dass eine sogenannte Herdenimmunität allgemeinen Schutz bietet. Herdenimmunität bedeutet: Ist ein gewisser Prozentsatz der Bevölkerung immun, schleicht das Virus aus und findet keine neuen Opfer mehr. Dann wäre Covid-19 faktisch – bis auf Weiteres – besiegt. Versuche europäischer Staaten wie Schweden und Großbritannien, eine solche durch eine Durchseuchung der Bevölkerung zu erreichen, sind dramatisch gescheitert. Die Todesraten dieser beiden Staaten übertreffen jene von Deutschland und Österreich um ein Vielfaches – ohne dass man auch nur im Ansatz von Herdenimmunität sprechen könnte!

Die nun vorliegenden gesicherten Modelle sprechen davon, dass je nach viraler Variante bis zu neunzig Prozent der Bevölkerung geimpft sein müsste, um ein Absterben des Virus durch Herdenimmunität zu bewirken.[10] Davon sind die europäischen Staaten noch weit entfernt: Deutschland[11] und Österreich[12] verfügen über eine Erstimpfungsrate von maximal rund zwei Dritteln der erwachsenen Bevölkerung. Die für die Mehrzahl der Impfstoffe notwendige zweite Impfung, um den vollen Impfschutz zu garantieren, hat gerade einmal gut die Hälfte.

Covid-19, ein Dauerzustand? So sieht es aus.[13] Wenn nicht die Impfrate schnell und nachhaltig steigt, werden wir uns mit diesem Gedanken anfreunden müssen. Die Erfahrungen aus Israel, dem propagierten Impfweltmeister, zeigen das: Nach einer ursprünglich völlig aus dem Ruder gelaufenen Ansteckungsrate hat man voll auf die Karte breitbandiger Impfungen gesetzt. Die Ansteckungsrate hat sich massiv verringert und ist fast auf den Nullpunkt gesunken. Die Gegenbewegung folgte auf dem Fuße: Die Impfwilligkeit hat in der Folge deutlich abgenommen. Nun sind rund um Jerusalem und Tel Aviv wieder Ansteckungsraten gegeben, die an die verheerenden vorangegangenen Wellen gemahnen. Auch in Europa ist dieses Phänomen bekannt: Im Sommer 2021 haben Abertausende Personen vereinbarte zweite Impftermine nicht mehr wahrgenommen. Worauf dies auch immer zurückzuführen sein mag – eine Ausrottung des Virus wird auf diese Art nicht gelingen. Die nächste Welle steht vor der Tür.[14]

Dieses Buch ist ein Plädoyer. Ich plädiere für ein angemessenes Verantwortungsbewusstsein: Sich dessen bewusst zu sein, dass Covid-19 eine lebensbedrohliche Krankheit darstellt. Dafür, dass jede/r Einzelne von uns es in der Hand hat, einen eigenen Beitrag zur Eindämmung dieses Virus zu leisten. Aber auch dafür, sich ehrlich einzugestehen, dass mangelnde Einsicht erst recht für eine unkontrollierbare Verbreitung sorgt. Dafür, sich bewusst zu machen, dass eine Impfung Leben retten kann: Nicht nur das eigene, sondern gerade auch dasjenige von anderen, schutzbedürftigen Personen. Und nicht zuletzt dafür, sich aus Einsicht in diese Tatsachen selbst impfen zu lassen.

Wir alle hatten nun, Minderjährige ausgenommen, die Möglichkeit, uns impfen zu lassen.[15] Wer dies nicht getan hat, hat dies aus individuellen Gründen verweigert. Dies könnten medizinisch relevante sein wie etwa Angst, ein eingeschränktes Immunsystem oder vorbestehende Krankheiten; aus meinem eigenen Bekanntenkreis weiß ich jedoch, dass es oft auch nur Nachlässigkeit (oder nicht sogar Ignoranz?) ist. So haben manche etwa noch keinen Impftermin vereinbart – oder einen solchen nicht eingehalten. Auch ein medizinischer Fachbegriff für dieses Phänomen wurde schon gefunden: „Vaccine Hesitancy".[16]

Personen, die eine Impfung aus nachvollziehbaren medizinischen Gründen nicht wahrnehmen wollen, müssen dies nicht tun. Weder aus rechtlichen noch aus ethischen Gründen wird dies sachgerecht erscheinen. Was ist aber mit solchen, die sich darüber hinaus verweigern?

Dieser Fragestellung kann man sich aus mehreren Richtungen annähern. Die Wirtschaft, ohnedies in Zeiten von Corona schwer gebeutelt, wird Impfrisiken gegen deren Chancen abwägen: Wie wahrscheinlich ist es, dass Personen durch die Impfung Reaktionen zeigen, die sie einige Tage oder länger aus der Bahn werfen? Derartiges könnte die wirtschaftliche Entwicklung beeinträchtigen, da diese während der Dauer der Einschränkung als Arbeitskräfte in Unternehmen ausfallen, zu Hause keine Angehörigen mehr betreuen und auch nur sehr eingeschränkt, wenn überhaupt, konsumieren können. Sollte sich jedoch herausstellen, dass die geimpften Personen tatsächlich einer realistischen Krankheitsgefahr aus dem Weg gehen können, wäre viel gewonnen. Die berufliche Tätigkeit bliebe gesichert, ebenso der Status als Konsument*innen, das gesamtgesellschaftliche Vertrauen gewönne. Lockdowns wären auf absehbare Zeit Vergangenheit, wenn nur genügend diese Gelegenheit zur Impfung in Anspruch nehmen. Die Wirtschaft könnte neu durchstarten.

Auch die gesellschaftliche Realität wird sich äußern. Wer möchte nach wie vor abgekapselt leben, die Sozialkontakte soweit möglich reduzieren, Masken tragen müssen? Sehnen sich nicht alle danach, endlich wieder frei durchatmen zu können, unbeschwert von der Angst, selbst an Covid-19 zu erkranken oder geliebte Angehörige anzustecken?

Das medizinische Interesse geht sicherlich in die Richtung, eine baldige gesundheitliche Stabilität im Gesamten sicherzustellen. Auch wenn wir aktuell in einem breitbandigen Feldversuch leben, der noch auf Jahrzehnte Erkenntnisse gerade in epidemiologischer Hinsicht liefern wird –, der Auftrag der Medizin ist ein grundlegend kurativer. Die Heilung von Krankheiten und, in den letzten Jahren immer wichtiger, die Aufrechterhaltung der Gesundheit steht im Vordergrund.

An den einzelnen Aspekten des staatlichen Interesses scheiden sich die Geister. Ist es nun die Gesundheit der Staatsangehörigen, die zu schützen ist? Das Gesundheits-, das Versorgungssystem? Oder nicht vielmehr das Wirtschaftssystem, ohne das ein Staat nicht existieren könnte? Sind es die individuellen Freiheitsrechte, die unter allen Umständen bewahrt werden müssen? Oder müssen nicht gerade diese zurücktreten, wenn es um Leib und Leben von Menschen geht?

Diese Diskussion begleitet die modernen Staaten seit der Aufklärung. Zuvor hatte es ein Phänomen wie menschliche Individuen nicht gegeben. Als Einzelperson war man eingebunden in ein starres ständisches System: Man war entweder privilegiert (als Angehörige/r des Adels oder des Klerus) oder gehörte dem Dritten Stand an. Letzterer bot kaum Rechte, dafür aber jede Menge Pflichten. Die Arbeitsleistung hatte man dem adeligen Gutsherrn zur Verfügung zu stellen, das geistige Kapital der kirchlichen Sphäre. Der weltliche Herrscher bestimmte das menschliche Schicksal auf Erden, der göttliche sorgte für das Seelenheil im Jenseits – wenn man sich in seine Rolle fügte und den vorgegebenen Dogmen beugte. Der Mensch zählte nicht als Einzelperson, sondern als Gattungswesen. Er war austauschbar, Fähigkeiten und Neigungen waren irrelevant. Wer nicht mitspielte, wurde ausgestoßen. Meist wurde kurzer Prozess gemacht: Abtrünnige landeten im Kerker oder auf dem Scheiterhaufen.

Erst gegen 1700 setzte ein anderes Denken ein. Kirchliche Revolutionäre wie Giovanni Pico della Mirandola, Giordano Bruno und vor allem Martin Luther hatten ein anderes Menschenbild geprägt. Mensch, besinne dich deiner Möglichkeit – und gestalte dein Leben selbst! Immanuel Kant hat in seinen berühmten Worten vom „Ausgang des Menschen aus der selbst verschuldeten Unmündigkeit" gesprochen. In Zentraleuropa war mehr als tausend Jahre lang der Gedanke einer möglichen Einzigartigkeit eines Menschen abgetötet worden. Der islamische Kulturkreis hatte diesen antiken griechisch-römischen Grundsatz zum Glück konserviert und teilweise noch nach Europa (Andalusien) gebracht. Die deutschsprachigen Gefilde blieben davon allerdings weitgehend unberührt.

Erst im Zuge dieses gewandelten Menschenbilds entstand die Idee sogenannter *Menschenrechte*. Vorher wäre, dies zu vertreten geradezu grotesk gewesen: Menschen waren, wenn nicht aus den herrschenden Schichten stammend, Eigentum. Die Bezeichnung „Leibeigene" spricht noch immer Bände. Es stellten sich nun Fragen, die aktueller nicht sein könnten: Was ist der Mensch? Ein sprachbegabtes Wesen mit der Gabe der Vernunft, so lautete die einhellige Antwort der Aufklärer. Welche Rechte sollen ihm zukommen? Sind die Menschen gleich – so die Parole der Französischen Revolution ab 1789, deren Ausläufer fast ganz Europa in den Folgejahrzehnten überrollen sollten –, und wenn ja: in welcher Hinsicht? Soll diese Gleichheit nur Freiheitsrechte beinhalten oder auch solche auf soziale Sicherung? Diese Diskussion, die sich zwischen Liberalen und Sozialist*innen entfalten sollte, setzte zwei einander scheinbar widersprechende Schwerpunkte.

Freiheitsrechte sollten nicht nur überkommene Auffassungen wie Leibeigenschaft und Fronarbeit abwehren, sondern vor allem auch Übergriffe des Staates gegen das Individuum. Lange wurde gerungen, die Kämpfe waren zäh. Schließlich setzte sich vor gut 150 Jahren endgültig der bürgerliche Freiheitsgedanke durch: Versammlungen, Eigentum und Arbeit wurden großteils freigegeben.

Anders sollte sich zunächst die Frage einer anders gewendeten Freiheit darstellen. Setzt wirkliche Freiheit nicht voraus, dass man frei ist von existenziellen Bedrohungen? „Freiheit kann man nicht essen", so ein berühmter Ausspruch aus der damaligen Zeit. Kann nicht nur derjenige frei sein, der Zeit, Energie und geistiges Potenzial hat, sich um seine Freiheit zu kümmern? Wichtige Aspekte der sozialen Absicherung, der Beschränkung von Arbeitszeiten und der Bildung traten in der öffentlichen Diskussion hinzu.

Diese Abwägung verschiedener Freiheitsbegriffe und Freiheitsinteressen begleitet uns bis heute. Unsere Gesellschaft scheint sich nun nicht mehr wie in den letzten Jahrzehnten zwischen links und rechts aufzuspalten; vielmehr scheint die Bruchlinie zwischen einem althergebrachten Konservatismus, der auf „alte Werte“ verweist und diese – auch um den Preis einer Unterdrückung von Randgruppen – bewahren möchte, und einer optimistischen liberalen Strömung, der der Schutz einer intakten Umwelt, die Einhegung des ungezügelten Neoliberalismus und die maximale Entfaltung individueller Neigungen am Herzen liegt, zu verlaufen.

Wie die Wahlergebnisse der letzten Jahre zeigen, lassen sich kaum stabile weltanschauliche Mehrheiten finden. In Österreich regiert seit Anfang 2020 ein mehr als instabiles konservativ-grünliberales Bündnis mit deutlich ersterem Übergewicht, das sich insgesamt eher in Richtung autoritativer Populismus wie aus Ungarn und Polen bekannt zu entwickeln scheint. Deutschland hat nach der letzten Bundestagswahl 2017 enorm darum gekämpft, überhaupt eine große Koalition zu bilden. Entwicklungen in Israel, Belgien, Frankreich untermauern diesen Trend (und haben teilweise abenteuerliche Koalitionen bedingt, wie gerade in Israel: Dort wollen extrem linke und rechte Gruppen, jüdische und arabische Glaubensbündnisse kooperieren).

Diese politische Aufsplitterung einerseits und das doch austarierte Blockgleichgewicht andererseits scheinen auch auf absehbare Zeit das parlamentarische System zu bestimmen. Eine eindeutige Festlegung auf Prioritäten wird nicht zu erwarten sein. Mit anderen Worten: Man darf nicht davon ausgehen, dass in den nächsten Jahren eine klare weltanschauliche Festlegung der politischen Entscheidungsträger*innen erfolgen wird, welchen Aspekten der Vorzug vor anderen zu geben ist: Menschenleben, Freiheit, Eigentum, Wirtschaftssystem, Schutz der Umwelt. Ich bin davon überzeugt: Wir werden noch oft hören, dass all diese Momente wichtig sind. Gerade der Umweltschutz wird eine, wenn nicht die entscheidende Weichenstellung für unsere Zukunft dringend erfordern. Es wird jedoch wohl dabeibleiben: mehr Desselben, nur in hübsche Formeln verpackt. Der große Wurf? Warten wir skeptisch ab.

Die zuvor gestellte Frage, unter welchem Gesichtspunkt das Verhalten von Mitmenschen beurteilt werden soll, die sich nicht gegen Covid-19 impfen lassen wollen, werden wir daher bis auf Weiters nach den bisherigen Maßstäben beantworten müssen. Gerade zwei Ebenen kommen dafür infrage: Die rechtliche gibt Regeln vor, an die wir uns alle halten müssen. Diese Regeln erlassen gesetzgebende und vollziehende Organe, die unmittelbar oder mittelbar von uns gewählt werden können. Wenn wir solche Regeln brechen, müssen wir mit Sanktionen rechnen. Diese können von verschiedensten Nachteilen wie etwa Verlust einer Anspruchsberechtigung, Strafzahlungen bis hin zu Gefängnisstrafen reichen.

Die andere Ebene, die über unser Verhalten zu Gericht sitzt, ist die moralische. Das Wort Moral, abstammend vom lateinischen „mos" (Vorschrift, Sitte), will dem Menschen einen Rahmen für als angemessen empfundenes Verhalten setzen. Anders als das Recht sind Normen der Moral in unseren modernen Gesellschaften nicht unmittelbar durch staatliche Behörden durchsetzbar. Verstößt man allerdings gegen solche, kann dies zu einer Ächtung durch andere Personen führen. Hierzulande ist etwa Geschlechtsverkehr zweier erwachsener Personen nicht mehr strafbar. Gerade auf dem Lande allerdings herrschen teilweise noch immer Moralvorstellungen vor, die derartiges ablehnen; von einem völligen Unverständnis Lebenspraxen der LGBTQI* gegenüber ganz zu schweigen.

Ethik ist als Begriff der Moral eng verwandt. Beide Begriffe werden auch oft als Bezeichnung für ein und dasselbe verwendet. Tatsächlich bezeichnet Ethik die wissenschaftliche Betrachtung der Moral. Sie vergleicht etwa verschiedene moralische Modelle miteinander.

Oft werden Ethik und Moral als Basis für das Recht angesehen. Die sogenannten Naturrechtslehren an der Schwelle zur Neuzeit gehen davon aus, dass gewisse Grundprinzipien existieren, die wir alle zu beachten haben. Das Recht soll diese allgemein verständlich fassen und umsetzen. Dieser Grundgedanke prägt unser Verständnis bis heute.

In diesem Buch will ich mich der Frage widmen, ob Menschen zu Impfungen verpflichtet werden können – oder sind wir nicht schon aus moralischen Erwägungen dazu verpflichtet? Ich werde nach einer Darstellung der derzeitigen Ausgangssituation, die auf wissenschaftlich anerkannten Fakten beruht, zunächst einen kurzen Überblick über die Geschichte des Impfens bieten. Diese als Erfolgsgeschichte zu bezeichnen, griffe tatsächlich noch zu kurz. Erst durch Impfung ist es der Menschheit gelungen, ein annähernd stabiles Leben zu führen – wenn auch gerade Gefährdungen durch uns selbst zu allen Zeiten bestanden haben und noch immer bestehen. Diese können durch eine Impfung leider nicht beseitigt werden. Alleine aber die Pockenimpfung war es, die Hunderttausende sinnlose Tode und Abermillionen entstellter Körper verhindert hat! Und dies auch nur, weil man sich in einer entscheidenden Phase dieser Impfung teilweise unterziehen musste. Freiwillig wäre niemals jene Impfquote erreicht worden, die notwendig war, um zu einer faktischen Ausrottung dieser Seuche zu führen.

Daran anschließend will ich die rechtliche Situation ausleuchten. Deutschland und Österreich sind moderne Verfassungsstaaten. Alles Recht geht daher auf die jeweiligen Verfassungsordnungen zurück, in Deutschland auf das Grundgesetz, in Österreich auf das Bundesverfassungsgesetz. Wir sind jedoch darüber hinaus Teil der Europäischen Union. Wir haben den europäischen Rechtsrahmen zu achten. Auch dieser kann Richtlinien vorgeben, die durch staatliches Recht nicht beeinträchtigt werden dürfen. Unsere Staaten haben sich dazu verpflichtet, das Rechtsregime nach der Charta der Grundrechte der Europäischen Union und der Europäischen Menschenrechtskonvention zu beachten.

Sämtliche dieser übergeordneten Rechtsordnungen gebieten einerseits den Schutz menschlichen Lebens, untersagen jedoch staatliche Eingriffe in dieses Recht, sofern solche nicht unmittelbar durch extreme Gefährdungen höherwertiger Rechtsgüter gefährdet werden. Steht die staatliche Ordnung auf dem Spiel, sind derartige Eingriffe zulässig. Fraglich ist im Zusammenhang mit Covid-19, ob dieses Pandemiegeschehen eine Durchbrechung individuellen Willens einer Person in Form einer Pflichtimpfung erlaubt. Eine Impfung durch Injektion ist zweifelsfrei ein Eingriff in die physische Integrität eines Menschen. Stimmt dieser nicht zu, braucht es schon eine sehr gute Begründung, um diese Integrität zu verletzen.

Ich werde zeigen, dass die Verhängung einer Impfpflicht während eines fortgesetzten und unkontrollierten pandemischen Geschehens bei stagnierender Impfbereitschaft grundsätzlich zulässig ist. Der Schutz des Lebens verpflichtet den Staat, in dramatischen Gefährdungslagen Schutzmaßnahmen zu treffen. Der Europäische Gerichtshof für Menschenrechte hat schon deutlich gemacht, dass Umweltgefahren solche Eingriffe rechtfertigen, ja erforderlich machen können. Die derzeitige Phase der Pandemie ist ein Paradebeispiel für Gefahr in Verzug – handeln wir nicht, werden wir weitere Tausende Todesopfer erleben, die wir verhindern könnten. Sie erlaubt keine vernünftige Alternative: Abermalige konsequente Maßnahmen des Lockdowns, der Maskenpflicht und von Testungen würden unser alle Rechte erheblich beeinträchtigen – und letztlich ohne relevante Auswirkung bleiben. Mit einer hohen Durchimpfungsrate im Rücken, die nur durch Impfpflicht in absehbarer Zeit erreicht werden kann, besteht jedoch eine realistische Chance auf Herdenimmunität. Dann wäre das Infektionsgeschehen nachhaltig, hoffentlich endgültig eingedämmt.

Diese Interessensabwägung hat individuelle und allgemeine Interessen zu berücksichtigen. Die Letzteren überwiegen hier die möglichen der Einzelperson deutlich. Der Schutz schutzbedürftiger Personen (Risikogruppen und solche, für die keine Impfempfehlung oder -zulassung gilt) wiegt schwerer. Eine Impfpflicht ist daher rechtlich nicht nur möglich, sondern in der vorliegenden Ausnahmesituation sogar notwendig.

Aber wie verhält es sich auf moralisch-ethischer Ebene? In die Beurteilung auch dieser Fragestellung fließen Elemente mit ein, die deutlich über bloß individuelle Interessen hinausreichen. Wir alle haben unsere persönliche Meinung, ob wir grundsätzlich Impfungen an uns zulassen wollen oder nicht. Manche sind dazu sofort bereit, wenn ihnen der Nutzen plausibel erscheint. Early adopters gibt es auch im Impfbereich, wie die teilweise stürmische Nachfrage nach den neuartigen mRNA-Vakzinen zeigt. Andere wollen sich auf gar keinen Fall impfen lassen und befürchten nachteilige Auswirkungen auf den eigenen Körper. Wieder andere – ein Phänomen, das uns gerade nach den ersten Wellen von Covid-19 zu begleiten scheint – ziehen zurück oder verweigern sich; es sind doch genügend andere geimpft. Warum solle man, erfolgreiche/r Trittbrettfahrer*in, selbst ins mögliche Risiko gehen?

Ich will zunächst die wesentlichen ethischen Aspekte präsentieren, die in dieser Fragestellung mitschwingen. Immanuel Kant hat vor gut 200 Jahren die Pflichtenethik etabliert, die unserem mitteleuropäisch-neuzeitlichen Verständnis noch immer zugrunde liegt. Pflichtenethik heißt diese deswegen, weil sie Pflichten des Individuums festlegt. Kant folgert dies unmittelbar aus dem Begriff der Freiheit: Negative Freiheit (von äußeren Beschränkungen) ist die Basis, als deren positive Seite muss sich der Mensch jedoch selbst Beschränkungen auferlegen, um sich seinen Fähigkeiten, seinem Auftrag und dem Funktionieren der Gesellschaft würdig zu erweisen.

Etwas später haben Jeremy Bentham und John Stuart Mill auf der britischen Insel den Grundstein für den Konsequentialismus gelegt, der den anglo-amerikanischen Bereich bis heute dominiert. Dieser fragt nach dem Nutzen: Welche Handlung verspricht welchen Nutzen? Gut ist ein Verhalten dann, wenn es den Gesamtnutzen maximiert. Maximaler Nutzen für die maximale Personenanzahl entscheidet, so lautet hier die Devise.

Diese beiden Varianten bestimmen noch heute die Diskussion, auch wenn sie nicht ausdrücklich als Triebfedern benannt werden. Daneben sind die ethischen Theorien der Tugendethik nach Aristoteles, die dieser schon vor rund 2500 Jahren entwickelt hat (unsere menschlichen Tugenden, die wir uns erarbeitet haben und die wir Tag für Tag durch unser Handeln bestätigen müssen, haben unseren Charakter geprägt, der uns richtige Entscheidungen zu treffen erlaubt) und medizinethische Theorien vor allem nach Tom Beauchamp und James Childress (mit den Elementen Autonomie, Schadensvermeidung, Fürsorge und Gerechtigkeit) von Bedeutung.

Ich werde zum Ergebnis gelangen, dass aus moralischer Sicht eine Impfung nicht nur als sinnvoll erachtet werden sollte, sondern ethisch sogar erforderlich ist. Die Begründung läuft zu weiten Teilen analog der zuvor angeschnittenen rechtlichen, trifft aber auf eine breitere Basis. Das Recht sagt mir: Was muss ich tun? Die Moral gibt vor: Was soll ich tun? Diese Sollensanforderung ist umfassender als die rechtliche Verpflichtung, mit anderen Worten: Das Recht gibt jenes Verhalten vor, das ich setzen muss, um reibungslos mit anderen Menschen leben zu können. Recht ist daher mehr oder weniger die Verkörperung eines ethischen Minimums. Um richtige Handlungen im Sinne von moralisch guten zu setzen, reicht es aber nicht aus, sich bloß an die Rechtsordnung zu halten. Ein guter Mensch ist nicht nur rechtsbewusst, sondern rechtschaffen. Er hat eine moralisch wertvolle Einstellung und fügt sich nicht bloß der Autorität.

Wir werden die verschiedenen moralischen Aspekte abwägen. Wir werden nach Kant fragen, ob eine Impfpflicht in dieser pandemischen Ausnahmesituation gerechtfertigt, ja sogar geboten ist; mit dem Konsequentialismus, ob eine solche oder Impffreiheit den größten Nutzen für die größte Zahl bringt? Ob nach der modernen Medizinethik die Aspekte der Fürsorge für andere schutzbedürftige Personen, die auf andere Weise nicht geschützt werden können, der Gerechtigkeit (als Blindheit gegenüber materiellen Voraussetzungen) und der Schadensvermeidung nicht die individuelle Selbstbestimmung, die sich im Einzelfall gegen die Impfung entscheiden könnte, überwiegen?

Auch hier wird die Antwort wie schon vorweggenommen eindeutig ausfallen. Die herrschenden ethischen Theorien befürworten in der derzeitigen fortgeschrittenen Infektionsphase mangels anderer zumutbarer Alternativen eine Impfpflicht.

Dieser rechtliche und ethische Auftrag muss allerdings – noch – nicht zwangsläufig bedeuten, mit körperlicher Gewalt die Impfung einer dazu nicht bereiten Person vorzunehmen. In Extremfällen kann dies gerechtfertigt sein, jedoch sicherlich nicht als Regelfall. Ich werde dies eingehend diskutieren und zeigen, dass ein sanfter Druck auf verweigernde Kreise das erste Mittel der Wahl sein wird. Erst nach dessen Verpuffen, das wir schon weitgehend beobachten konnten, wird sich die Frage stellen, auf welche Art und Weise eine derartige Pflicht durchgesetzt werden kann. Immer ist jedoch der Maßstab der Verhältnismäßigkeit zu beachten.

Dieses Plädoyer will nicht polemisch sein. Ich muss zugestehen: Es fällt mir manchmal schwer, gegen absurde Behauptungen nicht zynisch zu werden. Auch ich bin ein Mensch, der beruflich – als Rechtsanwalt – mit dem Pandemiegeschehen auf die eine oder andere Art in Kontakt gekommen ist; viel einprägsamer ist allerdings noch meine persönliche Verstrickung. Ich habe Todesopfer im Bekannten- und Familienkreis zu beklagen.

Dieses Bewusstsein ist es auch, das mich antreibt. Es hat mich dazu veranlasst, dieses Buch zu schreiben. Ich sehe es als meinen persönlichen Auftrag, einer leider weit verbreiteten Indifferenz entgegenzutreten. Wir alle leben nun schon monatelang mit dramatischen Einschränkungen, teilweise sind wir in unserer finanziellen Existenz bedroht. Das ist mir nur zu bewusst. Keine/r von uns hat sich die Pandemie herbeigesehnt, auch nicht deren Folgen, die wir als zuvor unvorstellbaren Eingriff in unsere Rechte wahrnehmen. Dennoch ersuche ich zu berücksichtigen: Es ist die unvergleichliche Gesundheitskrise, die uns den Boden unter den Füßen wegzieht – und die leider scharfe Eindämmungsmaßnahmen erfordert.

Unsere Höchstgerichte sind tagtäglich damit beschäftigt, die einzelnen politischen Maßnahmen auf ihre Verhältnismäßigkeit zu prüfen. Es wäre sehr verwunderlich, wenn manche nicht tatsächlich als unverhältnismäßig aufgehoben werden würden (was ja auch schon geschehen ist). Das ist auch gut so – gerade in Zeiten des größten Drucks passieren Fehler, die aufgezeigt und korrigiert werden müssen. Die wohl schlimmsten Fehler macht aber derjenige, der gar nichts tut. Wie viele Todesopfer hätte Passivität gefordert? Ein Blick nach Brasilien, in die USA unter Trump, immer wieder nach Großbritannien und anfangs Schweden macht uns sicher, dass dies keine menschenwürdige Alternative gewesen sein würde.

Ich werde daher die Argumente für und gegen eine Impfpflicht ihrem wesentlichen Inhalt nach darstellen und fachlich gegeneinander abwägen. Ich werde dazu die aktuellen wissenschaftlichen Erkenntnisse heranziehen. Zur besseren Lesbarkeit werde ich im Text selbst die diesbezüglichen Quellen, vor allem Studien, nicht vollumfänglich zitieren. Bei Interesse ersuche ich Sie, sehr geehrte Leserin, sehr geehrter Leser, die Quellennachweise zu verfolgen. Ich habe im Anhang jeweils die Quelle der herangezogenen Information benannt. Hier habe ich mich ausschließlich auf vertrauenswürdige, ja soweit möglich gesicherte, verlassen.

Hier eine ausdrückliche Einschränkung meinerseits: Verschiedenste Thesen, die allgemein üblicherweise unter dem Siegel der Verschwörungsmythen firmieren, will ich nicht präsentieren. Dieses Buch steht im Zeichen von Vernunft und Verantwortung. Es wäre aus meiner Sicht höchst unvernünftig wie unverantwortlich, derartige teilweise groteske Quellen im Sinne einer false balance darzustellen. YouTube, Instagram und andere einschlägige Kanäle können das besser.

Ich denke, die aktuelle Entwicklung des Infektionsgeschehens in Form der kommenden Wellen lässt sich am sinnfälligsten mit dem nachstehenden Zitat der amerikanischen Bühnenberühmtheit Irwin Corey auf den Punkt bringen: „If we don't change direction soon, we'll end up where we're going".[17]

Wir haben es in der Hand, unser wie auch anderes mitmenschliches Leben zu schützen. Lassen Sie uns beginnen!

Covid-19: Die Fakten

Entstehung und Entwicklung

Covid-19, üblicherweise COVID-19 geschrieben, ist eine Infektionskrankheit. Auslöser ist das Virus SARS-CoV-2 aus der Gruppe der SARS-Viren.[18] Diese wiederum gehören zur Familie der Coronaviren. Deren Name leitet sich vom lateinischen *corona* für Kranz, Krone ab und beschreibt deren äußeres Erscheinungsbild: Dieses erinnert an jenes unserer Sonne, deren Umrisse als *Korona* bezeichnet werden.[19]

Erstmals einer größeren Öffentlichkeit bekannt geworden sind die Begriffe *SARS* und *Corona* in den Jahren 2002 und 2003. SARS steht für schwerwiegende und akute Beeinträchtigung der Atmungsfunktion (severe acute respiratory syndrome-related coronavirus, Schweres Akutes Atemwegssyndrom). Die Viren SARS-CoV und CoV-1 haben nämlich die gleichlautende SARS-Pandemie ausgelöst, die ab Ende 2002 nach dem Ausbruch in China mehr als ein halbes Jahr lang über mehrere Dutzend Staaten hinweg ihr Infektionsgeschehen entfalten sollte. Knapp 800 offiziell gemeldete Todesfälle waren die Folge.[20]

SARS wird als die erste Pandemie des neuen Jahrtausends bezeichnet. Eine Pandemie ist ein schwerwiegendes ansteckendes Krankheitsgeschehen, das auf mehrere Kontinente übergegriffen hat und daher weltweit wirksam ist. Darin liegt auch die Abgrenzung zur Epidemie: Eine solche wirkt lokal, befällt jedoch einen nicht im Vorhinein abgrenzbaren Personenbereich und ist infektiös. SARS hat primär die Lunge befallen. Schwere Erkrankungsverläufe waren durch urplötzliches, schnell ansteigendes hohes Fieber gekennzeichnet; Muskel- und Kopfschmerzen sowie Heiserkeit und vor allem schwere Atemnot waren begleitende Symptome. Gerade die regelmäßig auftretenden Entzündungen beider Lungenflügel und die damit Hand in Hand gehenden Atemprobleme haben oftmals zum Tod der infizierten Personen geführt. Zum damaligen

Zeitpunkt war man auf dieses Krankheitsbild völlig unvorbereitet. Zielgerichtete Behandlungsmöglichkeiten waren noch nicht vorhanden, da man keinerlei Erfahrungen mit derartigen kombinierten Problematiken hatte.

Neben der akuten Gefährdung durch die genannten Krankheitssymptome sind in einer Vielzahl von Fällen Dauerschäden verblieben. Solche, in der Fachsprache als *Long Covid* bekannt, drohen auch bei leichtem Verlauf, möglicherweise auch nach einer bloß symptomlosen Infektion. Berüchtigte Folgen sind eine merkbare Intelligenzminderung und Konzentrationsschwierigkeiten (*Brain Fog*[21]), Atemprobleme, Kreislaufschwierigkeiten und ganz allgemein eine teilweise stark herabgesetzte Leistungsfähigkeit. Oder vernarbtes Lungengewebe ermöglicht nur mehr eine flache Atmung; der Körper wird unzureichend mit Sauerstoff versorgt, die psychische und physische Leistungsfähigkeit sinkt enorm. Dieses Krankheitsbild ist in der Medizin als Lungenfibrose bekannt.[22]

Zurückgeführt wurde die Entstehung des Virus auf tierischen Ursprung. Es wird vermutet, dass Fledermäuse die ursprünglichen Produzenten waren. Durch engen Kontakt – etwa auf Viehmärkten in Südchina – zu anderen Tieren (aktuell geht man davon aus, dass der unmittelbare Wirt eine Schleichkatze war) und schlussendlich zum Menschen soll es dem Virus gelungen sein, in diesen zu gelangen. Dort herrschten Verhältnisse, die uns in Mitteleuropa nicht nachvollziehbar sind: Mitten in sehr dicht besiedelten Gebieten werden Wildtiere wie vor allem besagte Fledermäuse in Käfigen gehalten, um aus ihnen jederzeit menschliche Nahrung zubereiten zu können. Die Tiere werden vor Ort getötet und oft unmittelbar im Anschluss, teilweise roh, gegessen. Die WHO bezeichnet diese Umgebung als geradezu optimalen Nährboden für die Ausbreitung einer Infektion. Durch rasche Eindämmungsmaßnahmen und konsequente Behandlung der bestehenden Beschwerdesymptomatiken ist es schließlich nach einigen Monaten im Sommer 2003 gelungen, der Pandemie ein Ende zu bereiten.[23] Die Auswirkungen dieser Seuche auf den asiatischen Bereich waren erheblich. Konsumverhalten und Tourismus brachen in den Folgejahren drastisch ein. Soziologische Untersuchungen haben ergeben, dass etwa in den Vereinigten Staaten eine regelrechte Stigmatisierung von aus Asien stammenden Personen die Folge war.[24]

SARS-CoV-2 ist öffentlich, soweit derzeit bekannt, erstmals mit Beginn 2020 in Erscheinung getreten. Auch wenn es immer wieder anderslautende Medienberichte gibt, scheint der Erstkontakt zum Menschen mit Ende 2019 in der chinesischen Großstadt Wuhan zu verorten. Die Weltgesundheitsorganisation WHO hat zunächst von einer lokalen epidemischen Lungenkrankheit gesprochen, die nicht näher spezifiziert werden könne; aufgrund der offenkundigen hohen Ansteckungskraft des Virus wurde jedoch bald eine gesundheitliche Notlage von internationaler Tragweite ausgerufen – und mit 11. März 2020 schließlich die Einstufung zur Pandemie ausgesprochen.[25]

Ursprünglich wurden als Folge einer Ansteckung, die sich nach einem Krankheitsausbruch gezeigt hatten, schwere Lungenentzündungen festgestellt. Diese waren zunächst auf keine klare Ursache zurückzuführen. Eine Übertragung von Mensch zu Mensch hielt man zunächst für ausgeschlossen, man dachte an ein Grippevirus. Anfang 2020 war man der Klassifikation aber einen wesentlichen Schritt nähergekommen: Nun war klar, dass ein Coronavirus vorliegen musste.

Aufgrund der Erfahrungen mit der vorangegangenen SARS-Pandemie zwei Jahrzehnte zuvor gab es folgende Verhaltensempfehlungen, die von den Gesundheitsbehörden im Wesentlichen gleichlautend verlautbart wurden: Besonders sei auf die Handhygiene zu achten, regelmäßiges Händewaschen sei Pflicht, eine Desinfektion dringend anzuraten. Man hatte als primären Übertragungsweg eine Schmierinfektion vermutet. Auch sollte man es dringend vermeiden, sich mit den Händen ins Gesicht, gerade in Mund, Nase oder Augen zu greifen. Auch dies sollte den Eintritt von Erregern über diese Schleimhäute unterbinden.

Erst im Zuge des Jahres 2020 konnte dies aufgrund zwischenzeitig vorliegender Forschungsergebnisse erweitert werden. Nachdem die Übertragung vor allem durch Aerosole – feinste

Partikel schweben in der Luft, werden von dieser transportiert und können durch Einatmen in den Körper gelangen – als Hauptursache von Infektionen ausgemacht werden konnte, wurde das Tragen entsprechender Schutzmasken empfohlen. Im Ländervergleich hat es hier durchaus Unterschiede gegeben; teilweise wurde anfangs die Meinung vertreten, Masken wären kontraproduktiv, da diese keinen effektiven Schutz bieten, allerdings notwendige Hemmschwellen im Hinblick auf menschliche Kontakte herabsetzen würden. Überwiegend jedoch ist man zur Einsicht gelangt, dass selbst relativ durchlässige Stoffmasken für zumindest passiven Schutz sorgen: Diese halten einen guten Teil der ausgeatmeten Partikel zurück und vermindern somit das Risiko einer viralen Übertragung. Als Goldstandard wurde schließlich die Maskenqualität FFP2 auserkoren. Diese kann über neunzig Prozent der Partikel aus der Luft filtern und dadurch sowohl wirksamen passiven (Verhinderung des Partikeltransports beim Ausatmen) als auch aktiven Schutz (Filterung der einzuatmenden Luft) bieten.

Zwischenzeitig hatten sich auch erhebliche Unterschiede im Verhältnis Covid-19 und SARS 2002/2003 herausgestellt. Anders als Letzterer war dieses Virus wesentlich infektiöser. Auch Infizierte, die keinerlei Symptome verspürten, waren offenkundig Überträger*innen. Die Zahlen ergaben, dass rund ein Drittel der infizierten Personen als sogenannte asymptomatisch Infizierte ansteckend sein konnten. Dies stellte die Gesundheitsbehörden weltweit vor ein großes Problem. Wie wollte man die Ausbreitung einzudämmen versuchen, ohne schwerwiegende Freiheitsbeschränkungen zu produzieren?[26]

Die Welt wurde in der Folge von mehreren pandemischen Wellen überzogen. Im deutschsprachigen Europa war die Reaktion auf die erste Welle ab Mitte März 2020 eine scharfe. Die Regierungen haben hier zu Notmaßnahmen gegriffen, die menschliche Kontakte auf ein Mindestmaß beschränken sollten. Ausgangsverbote wurden verhängt, Abstandsvorschriften erlassen. Verschiedenste Unternehmen, gerade aus den Sparten Gastwirtschaft, Beherbergung und Einzelhandel, wurden geschlossen.

Der Sommer 2020 sollte eine Erleichterung bringen. Die Ansteckungszahlen gingen deutlich zurück. Dies wird überwiegend auf zwei Umstände zurückgeführt: Einerseits schien das Virus bei höheren Temperaturen weniger infektiös zu sein, andererseits war das Sozialverhalten der Menschen in der warmen Jahreszeit ein anderes. In dieser hält man sich weniger in geschlossenen Räumen auf; eine Übertragung durch Aerosole gilt in der Außenluft als höchst unwahrscheinlich.

Im Herbst 2020 jedoch setzte die zweite Welle ein, die in Deutschland und Österreich wesentlich dramatischer verlaufen sollte als die vorangegangene. Täglich waren in Deutschland etwa teilweise über 30 000 Neuinfektionen zu verzeichnen, in Österreich teilweise knapp 10 000. Die Todeszahlen gingen in Deutschland kumuliert in die Zehntausende, in Österreich eine Zehnerpotenz darunter. Gerade in Alten- und Pflegeheimen haben massive Durchseuchungen stattgefunden. Ein Gutteil der Todesopfer ist auf einen Aufenthalt in derartigen Stätten zurückzuführen.

Im Frühjahr 2021 folgte hier schließlich eine dritte, vergleichsweise weniger schadensträchtige Welle.

Gefährlichkeit

Die Gefährlichkeit der Krankheit wurde und wird leidenschaftlich diskutiert.[27] Die WHO spricht davon,

- gerade Risikogruppen wären durch diese hoch gefährdet. Dazu zählen ältere Personen ab sechzig Jahren, Lungenkranke oder in ihrem allgemeinen Immunsystem Beeinträchtigte;
- der Schweregrad von Covid-19 sei mit demjenigen der Spanischen Grippe 1918–1920 vergleichbar und
- liege deutlich über der Gefährlichkeit verschiedenster saisonaler Grippekrankheiten.[28]

Weltweit wurde fieberhaft nach Impfstoffen geforscht. Verschiedenste Kandidat*innen haben sich gegen Ende 2020 als besonders aussichtsreich herausgestellt, darunter vor allem solche auf Basis mRNA. Darunter sind jene zu verstehen, bei denen eine Boten-Ribonukleinsäure (messenger-RNA) die genetische Information für den Proteinaufbau einer Zelle transportiert. Man könnte dies so formulieren: Durch eine Impfung mit diesem Präparat wird dem Körper ein Bauplan zur Verfügung gestellt, der dann aktiviert wird, wenn das entsprechende Virus im Körper festgestellt wird. Vektorimpfstoffe, die andere praktisch bedeutsame Alternative, transportieren unmittelbar genetische Information in Form einer Erbinformation. Im Körper werden sofort nach der Impfung Abwehrstoffe produziert.

Zu Beginn des Jahres 2021 wurden nach experimenteller medizinischer Abklärung zunächst zwei mRNA-Impfstoffe der Produzenten BioNTech und Moderna zugelassen; kurz danach folgte der an der Universität Oxford entwickelte Vektorimpfstoff von AstraZeneca. Diese genannten Impfstoffe benötigen zur vollen Wirksamkeit zwei Teilimpfungen. Derjenige des Produzenten Johnson & Johnson, ebenso ein Vektorimpfstoff, wurde Monate später zugelassen. Dieser benötigt zur vollen Wirksamkeit nur eine Impfung.

Verschärft wurde die Situation durch Mutationen: Virusvarianten, die sich als teilweise infektiöser, in ihren Auswirkungen bei Krankheitsausbruch schädlicher oder die Barriere von bereits geimpften Personen durchbrechend herausstellen sollten, sind nach und nach entstanden. So wurde erstmals im Dezember 2020 in Großbritannien die Variante B.1.1.7 (Alpha) nachgewiesen. Diese war im zwischenmenschlichen Kontakt leichter übertragbar und hat zusätzlich eine höhere Reproduktionszahl aufgewiesen. Das hat zu einem regelrechten Schub an Infektionen in den betroffenen Gebieten geführt. Vermutet wurde auch, dass Antikörper nach einer bereits durchgemachten Infektion oder im Gefolge einer Impfung geringeren Schutz gegen eine Ansteckung bieten, als dies bei der Grundvariante der Fall war.

Die Varianten B.1.3.5 (Beta) und P.1 (Gamma) werden als südafrikanische und brasilianische Variante bezeichnet. Auch hier wird eine erhöhte Übertragbarkeit, vor allem durch herabgesetzte Immunabwehr, angenommen.

Als besonders gefährlich hat sich die Variante B.1617.2 mit der Bezeichnung Delta herausgestellt.[29] Diese ist erstmals im Oktober 2020 in Indien diagnostiziert worden. Dort war das Virus auf eine weitgehend unvorbereitete Milliardenpopulation getroffen und konnte sich regelrecht austoben. Es gilt als gesichert, dass die Zahl der Ansteckungen das Risiko des Ausbildens von Mutationen steigert. Nachdem solche die Folge von genetischen Produktionsfehlern sind und zwangsläufig vorkommen, erhöht die Zahl der Wirt*innen zwingend jene der produzierten Mutationen. Dies lässt sich auch durch die Varianten Beta, Gamma und Alpha zeigen, die ebenso in Gegenden mit Hochinzidenz entstanden sind.

Delta führte in Europa zu einem abermaligen massiven Anstieg der Infektionszahlen. Diese ist gegenwärtig im Sommer 2021 die dominierende Variante in Deutschland und Österreich. Umstritten ist, ob sie in ihren Auswirkungen für die infizierte Person gesundheitsschädlicher ist als das Grundvirus. Die Symptome scheinen sich in Richtung vergleichsweise harmloserer wie Schnupfen, Heiserkeit und Kopfschmerzen verlagert zu haben; auch die Hospitalisierungsrate und die Rate an kausalen Todesfällen scheint geringer zu sein. Dies könnte allerdings auf einen nun vermehrten Impfschutz der Bevölkerung und die Tatsache zurückzuführen sein, dass die besonders gefährdete Bevölkerungsgruppe schon zum überwiegenden Teil immunisiert ist.

Unbestritten fällt der Schutz der Impfbarriere gegen diese Variante jedoch geringer aus, als dies für die Grundvariante zutrifft. Es besteht zwar nach wie vor eine hohe Schutzwirkung der Impfung – gerade dann, wenn man den vollen Impfzyklus absolviert hat – gegen schwere Verläufe, erst recht mit Todesfolge; leichte Erkrankungsverläufe sind jedoch möglich. Generell dürfte die Impfung nicht grundsätzlich davor bewahren, das Virus übertragen zu können.[30] Delta ist deutlich leichter übertragbar als andere bislang bekannte Varianten. Es wird davon gesprochen, dass die Ausatemluft einer infizierten Person das Tausendfache der Virenlast gegenüber jener der ohnedies schon hochinfektiösen Alpha-Variante in sich trägt.[31]

Es ist noch nicht abschließend gelungen, den Ausbruch des Krankheitsgeschehens auf einen konkreten Auslöser zurückzuführen. Als bislang aussichtsreichste Kandidatin gilt die Variante, das Virus sei vergleichbar SARS über einen Zwischenwirt, nämlich ein Säugetier, von ursprünglich Fledermäusen auf den Menschen übergegangen. Auch diese Version geht davon aus, Großmärkte in Südchina und deren unhygienische Umgebung hätten den Ausbruch bedingt.

In den letzten Monaten wird allerdings wieder verstärkt eine Variante diskutiert, die ursprünglich der ehemalige US-Präsident Donald Trump propagiert hatte. Das Virus könnte aus einem hochspezialisierten Labor im Nahebereich dieses Tiermarktes in das Freie gelangt sein. Es wird behauptet, in diesem würde an und mit Virenstämmen geforscht, die noch von der vormaligen Pandemie 2002/2003 verblieben wären; argumentiert wird, man forsche nach wirksamer Medikation. Es wird allerdings auch teilweise unterstellt, man entwickle biologische Kampfstoffe. Selbst Nobelpreisträger sind mit dieser Laborthese an die Öffentlichkeit getreten. Verifiziert werden konnte diese Theorie bislang nicht. Es ist allerdings auffällig, dass die chinesischen Behörden sich einer vertrauenswürdigen Kooperation mit der WHO weitgehend verweigern.

Eine alternative Erklärung hat schließlich kürzlich der deutsche Virologe Christian Drosten, ein anerkannter Fachmann, der bereits seit der SARS-Pandemie an Corona-Viren forscht, vertreten. Er hält es für wahrscheinlich, dass das Virus zwar tatsächlich aus dem Tierreich stammt, konkretisiert den Übertragungsweg jedoch auf plastische Art und Weise: So sei es bekannt, dass auf besagten Tiermärkten Schleichkatzen und Marderhunden bei lebendigem Leib das Fell abgezogen werden würde, um die Modeindustrie damit zu versorgen. Die bemitleidenswerten Tiere würden natürlich in Todesangst, in unglaublicher Qual und aus vollstem Leib brüllen – und dadurch eine Unzahl von Aerosolen ausstoßen. Demnach ist dieser Umstand gemeinsam mit der aufgeheizten Umgebung dieser dicht genutzten Märkte eine optimale Umgebung, um eine menschliche Infektion über Zwischenwirte zu produzieren.

Bis Mitte 2021 wird von einer weltweiten Fallzahl an verifizierten Ansteckungen von knapp 190 Millionen Betroffenen ausgegangen. Bislang sind vier Millionen Todesfälle eindeutig auf Covid-19 zurückzuführen.[32] Diese Zahlen sind allerdings zu hinterfragen: Es besteht eindeutig eine nicht bestimmbare Dunkelziffer an nicht erhobenen oder gemeldeten Infektionen;[33] nicht oder nur gering symptomatische Personen, die über keine schweren Beschwerden verfügen, suchen erfahrungsgemäß keinen ärztlichen Beistand und werden daher auch von keiner Statistik erfasst. Korrekte und vollständige Zahlen werden teilweise von Staaten gar nicht erfasst (wie dies für große Teile Afrikas und weite Teile Asiens angenommen werden kann), teilweise werden entsprechende Aufzeichnungen sogar staatlich boykottiert. Für Brasilien unter Präsident Jair Bolsonaro, der sich zunächst als Leugner jeglicher Gefährdung durch das Virus dargestellt und schließlich als Staatenlenker herausstellen sollte, der massiv gegen Eindämmungsmaßnahmen interveniert, kann dies jedenfalls gesagt werden. Entsprechendes dürfte für Russland unter Wladimir Putin und teilweise auch für China gelten.

Ausbreitung

Deutschland musste bis März 2021 über 70 000 Covid-Tote bei rund 2,5 Millionen nachgewiesenen Infektionen verzeichnen, in Österreich waren es bis Hochsommer 2021 knapp über 10 000 Todesfälle bei rund 650 000 nachgewiesenen Infektionen.[34] Gerade der Tiroler Wintersportort Ischgl hat sich im März 2020 als besonders tragischer Covid-Brennpunkt herausgestellt. Après-Ski ist eine österreichische Spezialität. Discofeeling auf engstem Raum in oftmals überfüllten Bars, alkoholgeschwängerte Stimmung und entsprechende Ausgelassenheit schienen geradezu Idealvoraussetzungen für eine Verbreitung des Virus zu bieten. Menschen aus allerlei europäischen Nationen und darüber hinaus hatten regelmäßig in den Wintermonaten den Urlaub in den Tiroler Bergen verbracht, um Abstand zum alltäglichen Lebenstrott zu gewinnen. Ski-Bars in Ischgl waren berüchtigt dafür, für ein Fallenlassen aller Hemmungen der Gäste zu sorgen. „Mach mit, wenn Du kannst!" lautete das Motto.

Mit Ischgl ist der Begriff des *Superspreading* in unser aller Bewusstsein gekommen. Damit werden Events bezeichnet, die schlagartig für eine Vervielfachung von Ansteckungszahlen sorgen. So haben Erhebungen ergeben, dass tatsächlich mehr als 11 000 Infektionen europaweit auf Aufenthalte in Ischgl zurückzuführen sein sollen; gerade dieser Ort soll für eine regelrechte Überschwemmung des Kontinents mit Covid-19 gesorgt haben. Schwere Kritik wird nach wie vor an den Tiroler und österreichischen Behörden geübt. Man wäre nachlässig gewesen und habe, obwohl erste Fälle schon bekannt gewesen wären, erst verspätet reagiert. Behördliche Schließungen der noch immer voll ausgelasteten Lokale wären erst mit tagelanger Verspätung erfolgt. Die österreichische Bundesregierung habe ohne Not und Vorbereitung die Absperrung des dortigen Bereichs vorangekündigt, was erst recht zu einer überstürzten Abreise Abertausender Urlaubsgäste in deren Herkunftsländer geführt hätte. Dies hätte seriöse Testungen und daher eine verlässliche Überwachung des Virentransports in die Nachbarländer verhindert – und tatsächlich den Grundstein für die Ausbreitung der Pandemie in Nordeuropa gelegt.[35]

Impfstoffentwicklung

Die Entwicklung von Impfstoffen gegen den Erreger SARS-CoV-2 und dessen Varianten wurde von Anbeginn an fieberhaft vorangetrieben. Hunderte Substanzen wurden entwickelt, Dutzende fanden Eingang in klinische Prüfungen.

Weltweit haben sich Staaten dazu entschieden, aktiv an der Entwicklung mitzuwirken. Dies ist etwa durch unmittelbare staatliche Beteiligungen – etwa in den USA im Hinblick auf den Produzenten Moderna oder in Deutschland hinsichtlich CureVac – erfolgt, überwiegend jedoch durch großzügige Forschungsgelder.

Schon Ende 2020 wurden die ersten Impfstoffe zugelassen. Dies ist zur Überraschung der Weltöffentlichkeit erfolgt, war man doch zuvor davon ausgegangen, dass die Entwicklung derartiger Präparate, deren umfangreiche klinische Prüfungen, die mehrere Etappen vorsehen und eine risikolose Verwendung garantieren sollen, und schließlich deren Produktion und Vertrieb Jahre in Anspruch nehmen würden. Mancherorts ist sogar bezweifelt worden, ob es jemals gelingen würde, wirksame Impfstoffe zu produzieren.

Der erste Zieleinlauf ist in Europa dem Mainzer Unternehmen BioNTech geglückt. Kurz darauf hat der US-amerikanische Prozent Moderna die Zulassung erhalten. Beide Varianten stellen den Impfschutz über die mRNA-Technologie zur Verfügung. Das deutsche Robert Koch-Institut bezeichnet derartige Impfstoffe als solche, „die auf einer neuartigen Technologie beruhen“ und „die ‚Bauanleitung‘ für einen einzigen Baustein des Virus, das sogenannte Spikeprotein, enthalten.“ Gegen anderslautende Mythen wird ausdrücklich festgehalten:

„Die COVID-19-mRNA-Impfstoffe enthalten keine vermehrungsfähigen Impfviren, das heißt geimpfte Personen können auch keine Impfviren auf andere Personen übertragen. Die in den Impfstoffen enthaltene mRNA wird nach der Impfung nicht ins menschliche Erbgut eingebaut,[36] *sondern nach Eintritt in die Zellen (vor allem in Muskelzellen an der Impfstelle und in bestimmten Abwehrzellen) ‚abgelesen‘, woraufhin diese Zellen dann das Spikeprotein selbst herstellen. Die so vom Körper des Geimpften gebildeten Spikeproteine werden vom Immunsystem als Fremdeiweiße erkannt; in der Folge werden Antikörper und Abwehrzellen gegen das Spikeprotein des Virus gebildet. So entsteht eine schützende Immunantwort. Die im Impfstoff enthaltene mRNA wird im Körper nach einigen Tagen abgebaut. Dann wird auch kein Viruseiweiß (Spikeprotein) mehr hergestellt.“*[37]

Ende Jänner 2021 ist der von der Universität Oxford entwickelte Impfstoff des Pharmaproduzenten AstraZeneca zugelassen worden, wenige Wochen später jener des US-amerikanischen

Johnson & Johnson. Beide Impfstoffe basieren demgegenüber auf der Vektortechnologie. So wird ein sogenannter Adenovirus – untechnisch kann man diesen als Schnupfenvirus bezeichnen – dahingehend modifiziert, dass dieser nach Injektion im Körper der geimpften Person Spikeproteine produziert.[38] Anders als nach dem mRNA-Verfahren, mit welchem dem Körper ein Bauplan zur Verfügung gestellt wird, löst hier die Impfung eine unmittelbare Immunreaktion aus.
Die beiden mRNA-Impfstoffe von BioNTech und Moderna haben die jeweiligen Zulassungsstudien mit einer nachgewiesenen Wirksamkeit der Substanzen von über neunzig Prozent abgeschlossen. Jene der Vektorimpfstoffe wurde als deutlich geringer angegeben. AstraZeneca hat selbst von einer Wirksamkeit von siebzig Prozent gesprochen, wurde jedoch diesbezüglich als unseriös kritisiert, da mehrere Studien unterschiedlichen Designs vermischt worden wären, um auf diesen Wert als Durchschnitt zu kommen. Johnson & Johnson hat einen Wirksamkeitswert von über achtzig Prozent propagiert.

Das nationale deutsche Paul-Ehrlich-Institut schätzt die Wirksamkeit der vorhandenen Impfstoffe nachstehend ein:[39]

- BioNTech/Pfizer (Comirnaty) — bis zu 95 Prozent
  nach der zweiten Teilimpfung,
  empfohlener Abstand der Gaben
  derzeit 3-6 Wochen
- Moderna (Spikevax) — bis zu 95 Prozent
  ebenso nach der zweiten Teildosis,
  4-6 Wochen
- AstraZeneca (Vaxzevria) — bis zu 80 Prozent
  nach der zweiten erhaltenen Dosis,
  12 Wochen
- Johnson & Johnson (Janssen) — bis zu 70 Prozent
  Einzeldosis

Nach der derzeitigen Studienlage schützen gerade die beiden mRNA-Impfstoffe auch im Hinblick auf die gegenwärtigen Mutationen in hohem Maß gegen schwere Krankheitsverläufe. Auch leichte sind in ihrer Wahrscheinlichkeit deutlich herabgesetzt.[40] Sämtliche Impfstoffe dürften jedoch nicht davor bewahren, selbst Träger der Infektion zu sein (auch wenn diese konkret nicht ausbrechen mag) und daher den Virus weiter zu verbreiten und andere Personen zu infizieren.

Gesellschaftliche Auswirkungen

Trotz der raschen Zulassung der dargestellten Impfstoffe fiel der Impfstart in Deutschland und Österreich nur schleppend aus. In den ersten Monaten wurde nur ein vergleichsweise geringer Prozentsatz der Bevölkerung, verglichen vor allem mit den Vorreitern Kanada, den USA, Israel und Großbritannien, versorgt. Es ist nach wie vor umstritten, worauf diese Verzögerung zurückzuführen ist. Einigkeit besteht dahingehend, dass die genannten Staaten ein Vielfaches der jeweiligen Bevölkerung an Impfstoffdosen bestellt und auch der bis dorthin weithin unbekannten neuartigen mRNA-Technologie den Vorzug gegeben hatten. Zu dem Zeitpunkt, als noch völlig unklar war, welcher Impfstoff wann und ob überhaupt zugelassen werden würde, wurden bereits millionenfach Dosen bei Moderna und BioNTech bestellt. Die EU war demgemäß zurückhaltender und hat zunächst auf die anscheinend sichere Variante AstraZeneca gesetzt. Hier hat man bewusst auf eine herkömmliche Substanzvariante vertraut und wollte kein Risiko einer Fehlinvestition eingehen. Auch wurden europaweit, mit ausdrücklicher Ausnahme von Großbritannien, nur so viele Dosen bestellt, wie dies dem Grundsatz nach der Bevölkerung entspricht.

Dadurch hatten sich allerdings entschlossene und gleichzeitig agile Nationen einen nicht unbeträchtlichen Vorteil gesichert. Diese wurden in den ersten Monaten mit Impfstoffen regelrecht überschwemmt, während andere Staaten dem tatenlos zusehen mussten. Andere, in der Impfverbreitung weit fortgeschrittene Länder nach und nach öffnen zu sehen, bisherige Beschränkungen abstreifend und zu einem gewohnten Leben zurückkehrend, während im eigenen Bereich noch Lockdowns und Depression herrschten, führte zu breitem Unmut in der Bevölkerung.

Die reichen Industrienationen werden von anderen Staaten als egoistisch kritisiert. Diesen ist kaum eine Möglichkeit verblieben, an Impfstoffe zu kommen; es sei denn, durch Überlassungen der vorrangigen Besteller. Gerade Länder der Dritten Welt waren darauf angewiesen, auf Impfstoffe russischer und chinesischer Provenienz zurückzugreifen, die jedoch über deutlich geringere Schutzwirkung verfügen und deren Zulassungsstudien teilweise weder offengelegt noch als wissenschaftlich seriös beanstandet werden.

Staatliche Eindämmungsmaßnahmen wurden als staatliche Willkür gebrandmarkt. Der Ruf nach Abschaffung der sogenannten „Coronadiktaturen" wurde europaweit laut und tausendfach auf die Straßen getragen. Dies wurde wiederum von jenen Personen, die sich der eigenen Verantwortung bewusst waren und penibel Abstandsvorschriften einhielten und Masken trugen, als blanker Hohn empfunden: Videoaufnahmen zu sehen, in denen auf engstem Raum zusammenstehende Demonstrant*innen, ohne Maske und entsprechend agitiert, lautstark „Diktatur!", nach „Freiheit!" und „[wer auch immer] muss weg!" riefen, erschien vielen unzumutbar. Dieses Bild völliger Verantwortungslosigkeit wurde noch verstärkt durch die Tatsache, dass Tausende in Bussen quer durch die Republik gekarrt wurden, um an solchen Kundgebungen teilzunehmen. Auch auf den Fahrten war die Verwendung von Masken ein Fremdwort, ja wurde höchstens als Schimpfwort zurückgewiesen. Es wird spekuliert, dass solche Demonstrationen mit Abertausenden Teilnehmern für Hunderte Infektionen und eine Vielzahl von Todesfällen unmittelbar verantwortlich gewesen sein sollen.

Anfängliche Probleme der Beschaffung und Verteilung von Impfstoffen wurden allerdings spätestens mit Beginn des Sommers 2021 behoben. Zu diesem Zeitpunkt sind im deutschsprachigen Raum ausreichend Impfstoffe zur Verfügung gestanden. Sämtliche Impfstoffe sind grundsätzlich allen erwachsenen Personen offen gestanden. Eine Wahlfreiheit, welchen Impfstoff man individuell bekommen möchte, hat es jedoch anfangs nicht gegeben.

Die Risiken der Impfung sind, soweit dies bislang abgeschätzt werden kann, gering. Weltweit sind schon Milliarden von Menschen geimpft worden. Bekannte Impfreaktionen, wie diese bei jeder Impfung und naturgemäß bei jeder Injektion auftreten können, sind auch bekannt geworden. Kopfschmerzen, Übelkeit, Schmerzen im Injektionsbereich, teilweise – abhängig vom verwendeten Impfstoff – auch stärkere Symptome, die eine ein- oder auch mehrtägige Ruhephase erforderlich gemacht haben. In Einzelfällen sind Thrombosen und schwerwiegende Komplikationen berichtet worden, wobei ein Nachweis der Kausalität noch aussteht.[41] Kausalität bedeutet, dass eine Reaktion tatsächlich nachgewiesener Weise auf einen konkreten Umstand zurückzuführen ist. Es müsste daher, um den Kausalitätsnachweis führen zu können, ausgeschlossen werden, dass eine andere Ursache gegeben ist. Dies fällt angesichts des Beobachtungspools von jedenfalls Millionen Menschen sehr schwer: Auch schwerwiegende Erkrankungen treten in einer derart riesigen Gruppe tausendfach auf. Es ist durchaus möglich, dass es sich bei solchen Erscheinungen um bloße Korrelationen – die zufällig im zeitlichen Zusammenhang mit einer Impfung auftreten – handelt.

Dass Impfungen gegen Covid-19 sinnvoll sind, wird wissenschaftlich jedoch nicht mehr bestritten. Die Risiken einer Erkrankung und deren Folgen, die von schweren Verläufen bis zum Tod und selbst bei leichten zu dauerhaften Schädigungen (Long Covid) führen können, überwiegen die Impfrisiken bei Weitem.[42]

Mit Stand Beginn des zweiten Halbjahres 2021 sind in Deutschland knapp fünfzig Millionen Personen geimpft worden, der Anteil der Zweitimpfung beträgt knapp über 35 Millionen. Dies entspricht einem gesamten Bevölkerungsanteil von knapp sechzig beziehungsweise 45 Prozent.[43] In Österreich sind zu diesem Zeitpunkt rund neun Millionen Dosen verimpft worden, vier Millionen Personen sind vollimmunisiert. Die Quote beträgt hier rund zwei Drittel beziehungsweise ebenso 45 Prozent.[44] Die Impfquote ist bis September 2021 auf knapp 65 Prozent Erstimpfungsanteil und sechzig Prozent Vollimmunisierung in Deutschland[45] beziehungsweise 62 Prozent und 58 Prozent in Österreich[46] gestiegen.

In den letzten Wochen hat die Impfbereitschaft massiv abgenommen. Es wird vermutet, dass dies mit einer gewissen mentalen Erschöpfung durch das monatelange Pandemiegeschehen, der Sehnsucht nach einem gewohnten Alltag wie aus präpandemischen Zeiten bekannt, vor allem aber mit der steil abfallenden Infektionsrate mit Sommerbeginn und den diesbezüglichen Urlaubsreisen zusammenhängen dürfte. Die nun bestimmende Delta-Variante erweist sich jedoch als Treiberin eines abermalig ansteigenden Infektionsgeschehens. Wir dürften uns am Beginn der Vierten Welle befinden, die im Herbst 2021 voll wirksam werden dürfte.[47]

Impfpflicht?

Eine Impfpflicht im Zusammenhang mit Covid-19 hat zuletzt Frankreich eingeführt. Eine solche besteht für Mitarbeiter*innen von Krankenanstalten und im Alten- und Pflegebereich. Auch für Griechenland sind derartige Vorgaben vorgesehen.[48] In Deutschland und Österreich ist dies bis auf Weiteres derzeit nicht der Fall. Der Präsident des Weltärztebundes Frank Ulrich Montgomery hat die diesbezügliche Zurückhaltung scharf kritisiert und festgehalten, letzten Endes müsse man bei nicht ausreichender Impfbereitschaft über eine Pflicht zu dieser nicht nur diskutieren, sondern eine solche auch einführen.[49]

Rechtlich wäre die Verankerung einer Impfpflicht problemlos möglich. Dies schon aufgrund der europarechtlichen Vorgaben: Zuletzt hat der Europäische Gerichtshof für Menschenrechte ausdrücklich im Zusammenhang mit einer solchen Verpflichtung ausgesprochen, dass Strafen für Impfversäumnisse nicht als Verstoß gegen die Europäische Menschenrechtskonvention anzusehen sind. Diese regelt den übergeordneten Rechtsrahmen für deren Mitglieder, wozu auch

Deutschland und Österreich zählen. Sie gibt Grundrechte vor, die von den Staaten unter allen Umständen beachtet werden müssen. Tschechien hatte eine Impfpflicht gegen bekannte Kinderkrankheiten wie Masern und Mumps vorgesehen. Dagegen drohen Geldbußen. Gegen diese Verpflichtung hatten Eltern beziehungsweise betroffene Kinder selbst den Weg zum Gerichtshof beschritten.

Unzweifelhaft, so das Europäische Höchstgericht, ist eine Pflichtimpfung ein Eingriff in das Recht auf Privatleben. Dieses ist in Art. 8 MRK als besonders schützenswert vorgesehen. Solche Eingriffe durch Impfungen sind jedoch hinzunehmen, wenn übergeordnete Interessen bestehen. Will man Kinder vor schwerwiegenden Krankheiten schützen, entspricht dies einem übergeordneten allgemeinen Interesse, damit sei ja den Kindern selbst wie auch der Gesellschaft bestmöglich gedient. Eine derartige Verpflichtung ist daher rechtlich zulässig.[50]

Gesetzlich könnte diese daher, wenn der entsprechende politische Wille in den Parlamenten bestünde, jederzeit durchsetzbar umgesetzt werden. Covid-19 ist eine schwere Erkrankung mit drohenden dramatischen bis tödlichen Folgen. Nur eine Herdenimmunität, die auf absehbare Zeit ausschließlich durch weitreichende Impfung einer großen Bevölkerungsanzahl hergestellt werden kann, kann vor dieser Krankheit schützen. Diese Motivation könnte auf Basis der dargestellten Rechtsprechung des Europäischen Gerichtshofs für Menschenrechte als Rechtfertigung einer Impfpflicht dienen.

Derzeit ist jedoch kein überwiegender politischer Wille für eine solche Maßnahme abzusehen, im Gegenteil: Die maßgeblichen Repräsentant*innen von Regierung und Parlament haben sich mehrfach ausdrücklich dagegen ausgesprochen.[51]

Die Geschichte der Impfung – in aller Kürze

Die Geschichte der Impfung ist eine einzigartige Erfolgsgeschichte. Jahrtausende lang hatten Seuchen die Menschheit verwüstet. Erst mit Impfungen ist es nach und nach gelungen, diese ungeheure Bedrohung einzudämmen. Zunächst allerdings war es wichtig, überhaupt ein Bewusstsein dafür zu entwickeln, dass es schwere übertragbare Krankheiten gibt. Dass es – ob göttlichem Willen folgend, aus einer Laune der Natur heraus oder menschlichem Fehlverhalten geschuldet – Zustandsbilder gibt, die unsere Kräfte überwinden können, uns an das Krankenlager fesseln und uns im schlimmsten Fall töten können. Und vor allem: Dass derartiges tatsächlich auf einen oder mehrere Erreger zurückgeführt werden kann – und diesem mit menschlichem Wissen entgegengetreten werden könnte.

Eine solche menschliche Erkenntnis ist erstmals aus dem Peloponnesischen Krieg im fünften vorchristlichen Jahrhundert überliefert. Die beiden Großreiche Athen und Sparta ringen fast dreißig Jahre um die Vorherrschaft im griechischsprachigen Raum. Es war nicht nur der Kampf zweier Herrschaftssysteme, sondern vielmehr einer zweier völlig unterschiedlicher Weltauffassungen: Athen hatte sich in den letzten Jahrhunderten zu einem Hort der Demokratie, in seinem goldenen Zeitalter auf dem Höhepunkt seiner kulturellen Entfaltung, entwickelt. Sparta demgegenüber war als harte, ja brutale Militärdiktatur aufgetreten, die die eigene Bevölkerung erbarmungslos unterjochte.

Die Kriegshandlungen hatten sich schon mehr als zwanzig Jahre über das griechische Festland, angrenzende europäische Gebiete, das Mittelmeer und auch Asien erstreckt, als urplötzlich auch soeben noch gesunde Menschen von stark belastenden Symptomen gepeinigt wurden: Kopfschmerzen und ein entzündeter Rachen waren der Beginn, oftmals gefolgt von Erscheinungen, die wir heutzutage als solche eines grippalen

Infekts kennen; Husten, Schluckbeschwerden, Heiserkeit. In vielen Fällen wurde darüber hinaus der gesamte Körper befallen und mit Geschwüren übersät. Im Endstadium trat oft der Tod ein – die Körperfunktionen hatten dann endgültig versagt. Wer Glück hatte, kam mit dem Verlust des Augenlichts davon. Oder das Gedächtnis war ganz oder teilweise ausgelöscht. Oder es blieben gewisse körperliche und geistige Funktionen auf Dauer eingeschränkt.[52]

Es ist bis heute umstritten (und Gegenstand Dutzender Hypothesen), mit welchen medizinischen Fachbegriffen dieses Krankheitsbild gefasst werden kann. Es besteht jedoch Einigkeit darin, dass es sich dabei tatsächlich um eine Epidemie gehandelt hat. „Attische Seuche" ist die verbreitete Bezeichnung für dieses Geschehen.

Der griechische Geschichtsschreiber Thukydides war Zeitgenosse des Geschehens. Seine unmittelbaren Eindrücke hat er in seiner *Geschichte des Peloponnesischen Krieges* einprägsam festgehalten. Er war es auch, der unseres Wissens nach als historisch Erster die Tragweite von Infektion, Weitergabe des Erregers, Ausbruch der Krankheit, deren Verlauf und eine sich entwickelnde Immunität erkannte. „Wenn sie zu den Kranken gingen, war es ihr Verderben": Infektion. „Die Menschen starben herdenweise, in dem einer infolge der Pflege des anderen mit dem Krankheitsstoff erfüllt wurde": Weitergabe des Erregers. „Umso mehr nahmen sich die dem Übel Entronnenen der Sterbenden und der Kranken an, weil sie das Übel kannten und selbst in Sicherheit waren. Denn keiner wurde zum zweiten Male so befallen, dass es ihm den Tod gebracht hätte": Ausbruch, Verlauf, Immunität.[53]

Eine der dramatischsten Epidemien der Geschichte war mit Sicherheit die Pest. Deren Ursprünge lassen sich sogar bis zu 4000 Jahre zurückverfolgen. Auswertungen eines russischen Grabes haben dies kürzlich ergeben.

Pesterkrankungen sind vielschichtig. Es gibt solche, die hauptsächlich die Lunge befallen, daher auch die Bezeichnung als Lungenpest. Der andere bedeutende Zweig ist die sogenannte Beulenpest: Hier ist schon die Bezeichnung Programm.

Am ganzen Körper der erkrankten Person treten Beulen auf, vor allem an Hals, Leisten und in Achselhöhlen. Diese entstehen infolge innerer Blutungen, die in die Haut gesackt sind. Die Symptome von Pesterkrankungen reichen von Fieber, körperlichen Schmerzen, Schüttelfrost, Atemproblemen bis hin zu hohem Fieber, Bewusstseinsstörungen und oft tödlichem Schock.[54]

Pestepidemien haben in den vergangenen Jahrhunderten regelmäßig tatsächlich große Bevölkerungsteile dahingerafft; in unseren Breiten wurde dies oft als göttliche Strafe interpretiert. Dieses Bewusstsein des Ausgeliefertseins, der Sanktionierung menschlicher Handlungen durch göttliche Macht und die metaphysische Suche nach Abhilfe haben zu unvergleichlichen kulturellen Entwicklungen geführt. Pestbilder, Pestsäulen sowie andere Werke der bildenden Kunst und Literatur legen davon Zeugnis ab; allerdings müssen auch negative Ausprägungen genannt werden. Hexenverbrennungen, Judenverfolgungen, Pogrome gegen Andersgläubige waren in dieser verzweifelten Situation keine Seltenheit. Teilweise wurde das epidemische Geschehen auch zum Anlass genommen, um zynisch weltliche Machtansprüche durchzusetzen.

Die Familie der Pesterkrankungen hat sich bis heute einer Immunisierung durch Impfung verschlossen. Versuche sind diesbezüglich schon vor Jahrhunderten überliefert worden, diese sind zu Beginn des 20. Jahrhunderts intensiviert worden. Zu einer Zulassung sind derartige Maßnahmen jedoch nie gelangt. Zu unsicher wäre die Wahrscheinlichkeit des Erfolgs gewesen, zu hoch das Risiko einer eigentlichen Ansteckung.

Die zweite große epidemische Geißel der Menschheit hat zum Glück ein völlig anderes Schicksal genommen: Die Pocken gelten nun weltweit als ausgerottet. Die Pockenkrankheit wird durch Viren übertragen. Pockenviren wurden in der Regel durch Tröpfcheninfektion übertragen – ein Übertragungsweg, wie wir diesen auch von Covid-19 kennen. Für Pocken war jedoch ein weiterer Ansteckungspfad gesichert, den wir im Hinblick auf Covid-19 noch nicht beurteilen können: Pockenviren konnten auch Staubpartikeln anhaften. Durch Einatmen von Staub war daher auch eine Infektion möglich. Hinsichtlich Covid wird vermutet, dass der Erreger noch vergleichsweise lebendig, wie dies beim kurz zuvor geschehenen Ausstoßen durch die aus Atemluft einer infizierten Person der Fall ist, sein muss, um ansteckend zu wirken.

Eine Infektion mit dem Pockenvirus begann untypisch. Symptome waren ein von Infekten wohlbekanntes Gefühl der Abgeschlagenheit, der unspezifizierten Schmerzen mit folgendem Fieber. Typisch allerdings waren die folgenden Krankheitserscheinungen: Am ganzen Körper traten zunächst Flecken auf, aus denen sich Bläschen, Pusteln mit Eiter und schließlich Verkrustungen bildeten. Auch hier gab es Verläufe, die für die betroffene Person noch günstig endeten: Wenn entstellende Narben zurückblieben, konnte man sich noch glücklich schätzen. Schwerere Krankheitsverläufe hinterließen neben Erblindung und Taubheit Lähmungen, eine Schädigung von Gehirnstrukturen und dadurch den Ausfall wesentlicher Hirnfunktionen. Mit der Ausbildung einer Lungenentzündung war es dann meistens auch zu spät, und der Tod trat relativ rasch ein. Eine Vielzahl der befallenen Personen überlebte die Infektion nicht. Die diesbezüglichen Schätzungen reichen von 15 bis 60 Prozent.[55]

Versuche einer Immunisierung hatte es seit jeher gegeben. Im asiatischen Raum wurde die sogenannte Inokulation entwickelt. Dort hatte sich eine Vorgehensweise etabliert, die geradezu abenteuerlich für unser modernes Weltverständnis klingt: Infizierten Personen wurde eine mit Sekret gefüllte Blase aufgestochen; die austretende Flüssigkeit wurde aufgenommen und anderen Personen, die man dadurch „impfen“ wollte, in die Haut geritzt. Tatsächlich war dieser Vorgang oft erfolgreich. Viele Personen erkrankten nur mehr leicht, andere gar nicht mehr. Manche jedoch starben an den Folgen dieser Prozedur.

Mary Wortley Montagu (1689–1762), Ehefrau eines britischen Diplomaten und selbst ein Jahrhundertgenie, begleitete den weitgereisten Ehemann auf seinen Reisen. Im Konstantinopel (nun Istanbul) des Jahres 1718 registrierte sie voller

Interesse diese Immunisierungsversuche. Mit Sendungsbewusstsein und einem optimistischen Engagement ausgestattet, versuchte sie nach ihrer Rückkehr nach England dortige Ärzte von dieser Methodik zu überzeugen. Tatsächlich gelang es ihr, den Grundstein für die Entwicklung eines Impfverfahrens zu legen. Die englische Wissensgesellschaft, damals infolge der Industriellen Revolution und im Gefolge des Empirismus, der auf wissenschaftliche Erkenntnisse vertraut, voll dem Forschungsdrang verschrieben, nahm dies dankbar auf.

Vielerorts wurde versucht, das Virus abzuschwächen und dadurch bei Vornahme dieser Inokulation den Ausbruch der eigentlichen Krankheit zu verhindern. Einen anderen Pfad allerdings sollte der britische Arzt Edward Jenner ab 1796 beschreiten: Er hatte bemerkt, dass die Landbevölkerung offenkundig teilweise gegen eine Pockeninfektion geschützt war. Er ging der Sache auf den Grund. Augenscheinlich bot das Melken von Kühen einen gewissen Schutz. Kühe litten damals oft an einem blasenhaften Ausschlag im Bereich des Euters. Melkende Mägde und Bäuer*innen infizierten sich oft mit diesen sogenannten Kuhpocken. Wie es schien, schützte dies allerdings großteils gegen eine tatsächliche Pockeninfektion.

Die Medizinethik war damals noch kein Thema. Was zählte, waren Ergebnisse. Versuche an Menschen waren daher gang und gäbe, auch wenn sich diese mit unseren aktuell herrschenden Moralvorstellungen nicht in Einklang bringen lassen. Jenner nämlich unternahm wirkungsvolle, allerdings aus unserer Sicht erschreckend kaltblütige Experimente: So injizierte er einem gesunden Achtjährigen mehrfach das Sekret einer an besagten Kuhpocken erkrankten Magd, das er aus deren Pusteln gewonnen hatte, und wartete ab. Wie zu erwarten, erkrankte das Kind zunächst nach der erstmaligen Verabreichung, wenn auch nicht schwerwiegend, nämlich nur im Bereich der geritzten Haut; wie durch ein Wunder jedoch schien es in der Folge bei neuerlichen Viruskontakten unversehrt zu bleiben. War der Kleine nun immun?

Jenner zeigte sich nicht kleinlich und wiederholte das Experiment an Dutzenden anderen Personen. Das Ergebnis war immer das bereits bekannte: (Nochmals) Infizierte blieben symptomlos. Eine Einreichung dieser Erkenntnisse bei der berühmten Royal Society in London war zunächst ohne nachdrücklichen Erfolg: Konnte man etwa seinen Augen nicht trauen? Jenner wurde beschieden, er möge die Erträgnisse seiner bisherigen verdienten Tätigkeit nicht mit derartigen Konstrukten aufs Spiel setzen.

Das Verfahren an sich jedoch behielt die Überhand. Die Methodik des Impfens sollte zu einem weltweiten Siegeszug ansetzen und Hunderttausende Menschen vor schweren Krankheitsverläufen oder gar dem Tod schützen.[56] Und die Methode wurde fortwährend verfeinert: Besonders erfolgversprechend war die Verwendung menschlicher Lymphe. Diese stammte von Personen, die mit Kuhpocken infiziert worden waren. Es hatte sich herausgestellt, dass dieses Präparat haltbarer war und zuverlässiger eingesetzt werden konnte als ein solches aus rein tierischer Quelle.

Eine Pflicht zur Impfung vorzusehen, schien nur mehr eine Frage der Zeit, so überwältigend war der Erfolg dieser Entwicklung. Es schien, einer schwerwiegenden lebensbedrohlichen Krankheit könne dadurch der endgültige Garaus gemacht werden. Napoleon, der genialische Welteneroberer, machte sich das neue Wissen zu Nutze: Schon ab 1805 mussten sich alle der unter seinem Kommando stehenden Truppen impfen lassen. In den nächsten Jahren sollten auf französischem Boden über zwei Millionen Impfungen folgen! Deutschsprachige Vorreiter waren schließlich das Großherzogtum Hessen und das Königreich Bayern, in denen 1807 eine Impfpflicht gegen die Pockenkrankheit verordnet wurde. Andere Staaten setzten demgegenüber auf Aufklärung.

Wie sowohl Vergangenheit als auch Zukunft zeigen sollten, ist es eine zweischneidige Sache, sich auf eine solche zu verlassen. Natürlich sind Impfzwänge letztlich nichts anderes als Zwänge – so hehr die Motive auch sein mögen, so erstrebenswert auch das verfolgte Ziel. Es war daher seit jeher ein grundlegendes Anliegen der Mächtigen, wenn möglich mit Information das Auslangen zu finden. Gleichzeitig jedoch, auch das ist eine Lehre aus der Geschichte, erblühten Verschwörungsmythen. Zeitgenössische Karikaturen sprechen mehr als tausend Worte: Kinder, denen aus der Impfstelle Kuhköpfe wachsen; Erwachsene, deren eigenes Haupt zunehmend an einen Stier gemahnt; zittrige, seltsame Fabelwesen, Mischungen aus Mensch und Kalb, als Produkte angenommener irregeleiteter Menschenversuche durch Impfung.

Die kreative Obrigkeit wusste Abhilfe: Kühe wurden als Impfstofflieferanten aus dem Sichtfeld verbannt, Waisenkinder (!) waren als Ersatz rasch gefunden. Diese wurden mit besagten Kuhpocken infiziert, aus deren Pusteln wurde Impfserum gewonnen und dieses in eigenen Impfanstalten verimpft. In den Folgejahrzehnten war dies in deutschen Landen, aber auch in Spanien etablierte Methode.[57]

Dennoch war das Tempo deutlich zu langsam, um eine relevante Eindämmung des Epidemiegeschehens zu bewirken. Alleine 1870/1871 hatte eine kraftvolle Welle in Deutschland mehr als 175 000 Opfer hinweggerafft. Mit dieser schieren Menge an Todesopfern konfrontiert, sah man keine andere Möglichkeit, als eine Impfpflicht zu verfügen. Das deutsche Reichsimpfgesetz sah Strafen bei Nichtbefolgung vor. Eltern wurden verpflichtet, ihre Kinder verlässlich bis zum zwölften Lebensjahr gegen Pocken zu immunisieren. Diese Verpflichtung entfiel endgültig erst 1983, nachdem die Pocken weltweit besiegt worden waren.[58]

Auch benachbarte nationale Impfprogramme konnten mit stolzgeschwellter Brust auf berechtigte Erfolge verweisen: Zu Beginn des 20. Jahrhunderts galten Schweden, in den nächsten Jahrzehnten Österreich, England, die Sowjetunion und außerhalb Europas die USA, die Philippinen und Kanada als frei von Pocken. Andernorts kam es immer wieder zum Aufflackern eines epidemischen Geschehens.

Nach dem Ende des Zweiten Weltkriegs wurde die Weltgesundheitsorganisation WHO ins Leben gerufen. Ein erstes weltweites Ziel sollte der Kampf gegen die Pocken sein; nicht verwunderlich, wenn man sich die alljährlichen Verheerungen vor Augen hält, die diese Geißel noch immer fordern sollte.

Ganze Landstriche wurden regelrecht entvölkert. Die Impfskepsis war allerorts groß, Impfstoffe teilweise ein teures Gut. Es bedurfte daher einer internationalen Kraftanstrengung, ehe 1958 der grundsätzliche politische Wille pro internationale Impfkampagne gefunden werden konnte. Einzig die Finanzierung stand noch auf dem Spiel. So sollte es weitere 10 Jahre dauern, bis durchsetzbare Verpflichtungen finanzieller Natur vorlagen. Das weltweite Pockenprogramm konnte beginnen.

Der Erfolg überzeugte auch die letzten Kritiker*innen: Kontinent nach Kontinent wurde für pockenfrei erklärt. Lediglich auf dem afrikanischen würden sich noch einzelne Nester bemerkbar machen, so in Äthiopien und Somalia. Auch solche Ausreißer waren jedoch bald Geschichte – und am 8. Mai 1980 wurde durch die WHO die weltweite Ausrottung der Pockenkrankheit verlautbart.[59]

Jahrhundertelang hatte in Europa die Panik vor der Tollwut vorgeherrscht. Eine Albtraumvorstellung, tatsächlich: Gebissen vom tollwütigen Tier, in aller Regel von einem Hund, windet sich das menschliche Opfer in Krämpfen mit Schaum vor dem Mund, und stirbt einen schrecklichen Tod in Umnachtung. Tatsächlich forderte dieses Krankheitsbild, das vom Tier auf den Menschen übertragen werden konnte, alljährlich Tausende Todesopfer. Wer nicht an einer typischen Gehirnhautentzündung starb, und das galt für die überwiegende Mehrzahl der Betroffenen, blieb mit schwersten Gehirnschäden näher dem Tode als am Leben. Die Herleitung des Begriffs der Tollwut macht dies deutlich, ist dieser doch zusammengesetzt aus den Elementen „toll" (in der Bedeutung des mittelhochdeutschen „nicht bei Sinnen sein") und der „Wut". Infizierte wurden nicht nur aufgrund der weiteren Ansteckungsgefahr als Gefahr für sich und andere angesehen, sondern alleine schon aufgrund des regelrechten Wütens, dessen sie fähig waren. Und das ist wahrhaft keine übertriebene Vorstellung: Man denke an ein rasendes Ungetüm, mit übermenschlichen Kräften ausgestattet, das alles rund um sich kurz und klein schlägt.

Schon der berühmte Vater des deutschen Idealismus, das

philosophische Urgestein Immanuel Kant, hatte zu Beginn des 19. Jahrhunderts die Frage erörtert, ob ein vom tollwütigen Hund gebissener Mensch nicht „besser daran täte", dem eigenen Leben ein Ende zu bereiten, um die eigene Angst, die Einsicht in die Ausweglosigkeit der Situation und die Möglichkeit der Gefährdung anderer auszuschließen – bemerkenswert, wenn man bedenkt, dass Kant ein strikter Gegner der Selbsttötung war!

Luis Pasteur, ein französischer Chemiker, war auf dem richtigen Weg. Er war davon überzeugt, der Erreger der Tollwutkrankheit müsse im Nervensystem aufzufinden sein. Ein intelligenter Gedanke, schien doch dieses Krankheitsbild vorwiegend diese Struktur zu befallen. Durch Tierversuche – Pasteur infizierte Kaninchen und präparierte deren Rückenmark, um daraus Erkenntnisse zu gewinnen – sollte es ihm zwar nicht gelingen, den Erreger dingfest zu machen. Dies darf uns auch nicht verwundern, da dieses Virus mit den rudimentären Möglichkeiten der damaligen Untersuchungstechnik noch nicht zu isolieren war. Leistungsfähige Mikroskope wurden erst Jahrzehnte später entwickelt. Aber er wandte die bereits von der Bekämpfung der Pocken als erfolgsträchtig bekannte Methode auch hier an: Er trocknete Rückenmarksstücke, um durch diesen Vorgang die Aggressivität des Virus abzuschwächen und das Präparat haltbarer zu machen, und verimpfte dieses an Hunde. Erfolgreich, wie seine Versuche zeigten.

Auch Pasteur, ganz ein Kind seiner wissenschaftshörigen Zeit, in der Menschenrechte noch nicht viel zählten, griff wie Jenner zu Menschenversuchen. Dem behandelten Kind sollte dies jedenfalls nicht schaden, es sollte genesen. Auch im Hinblick auf die Tollwut, die Abertausende Todesopfer gefordert hatte, war nun der immunologische Durchbruch gelungen. Auch hier stand nunmehr eine wirkungsvolle und vergleichsweise sichere Impfmöglichkeit zur Verfügung.[60]

Weniger Erfolg war Robert Koch beschieden. Diese deutsche Jahrhundertgestalt wird auf ewig in die Geschichtsbücher eingeschrieben sein als Entwickler der Mikrobiologie und der Bakteriologie. Seine Forschungen im Zusammenhang mit dem

Milzbrand bescherten ihm Weltruhm. 1882 ist es ihm gelungen, den Erreger der Tuberkulose erfolgreich zu beschreiben. Dafür würde er 1905 den Nobelpreis für Medizin erhalten. Dieses schwerwiegende Krankheitsbild, damals als Schwindsucht oder Weißer Tod prägnant bezeichnet, verläuft in mehreren Etappen. Kleinere Entzündungen der Lymphknoten paaren sich zunächst mit Grippesymptomen: Fieber, Husten, allgemeine Abgeschlagenheit. Fortgeschritten treten oft Pleuraergüsse auf, die die Lungenfunktion beeinträchtigen und zu Atemnot und starken Schmerzen führen können. Damit nicht genug, führt der weitere Krankheitsverlauf schließlich zu Hirnhautentzündungen, schweren Lungenentzündungen, Blutvergiftungen. Tödliche Ausgänge sind keine Seltenheit; Überlebende leiden in aller Regel an schweren Dauerfolgen.

Regelrecht euphorisiert durch seine bahnbrechende Entdeckung war Koch davon überzeugt, die Krankheit zu verstehen und ein Heilmittel entwickeln zu können. Ja noch darüber hinaus: Eine Impfung sollte schon im Vorfeld jegliche Ansteckung unterbinden und dieser grässlichen Krankheit das heiß ersehnte Ende bereiten. Tuberkulin, so verkündete Koch bei einem internationalen Medizinkongress im August des Jahres 1890, sei der Name des Heil- und Impfmittels. Er hatte aber offensichtlich eine wichtige Grundregel nicht beachtet, die auch in den letzten Monaten im Zusammenhang mit Covid-19 vehement diskutiert wurde: Nur klinische Versuche im großen Maßstab können Sicherheit dafür bieten, dass Impfstoffe nicht selbst schaden. Für diese nämlich gilt der althergebrachte wichtige medizinethische Grundsatz des *primum non nocere*, der unter allen Umständen zu berücksichtigenden Schadensvermeidung. Denn eine nachfolgende Untersuchung führte zum Tod etlicher Proband*innen, 77 Kleinkinder starben. Koch war diskreditiert, das vermeintliche Wundermittel wurde zurückgezogen.[61] Erst Jahrzehnte später wurde ein tatsächlicher Impfstoff entwickelt und zugelassen. Da jedoch in den reichen Industrienationen Tuberkulose als ausgerottet gilt, sind derzeit keine derartigen Impfstoffe mehr verfügbar.

Der berüchtigte „Würgeengel der Kinder“, die klinische

Krankheit der Diphtherie, hatte in der kalten Jahreszeit weltweit Abertausende Todesopfer vorwiegend im Kindesalter gefordert. Beginnend mit Übelkeit und allgemeinen Schmerzen zeigte sich dieses Krankheitsbild mit Fieber, starkem Schnupfen und Husten. Diese noch untypischen Symptome waren im fortgeschrittenen Stadium gepaart mit schweren Entzündungen von Mandeln, Gaumen und Lymphknoten. Auch ein tödlicher Ausgang war keine Seltenheit; dieser war in den meisten Fällen auf Herzversagen, Lungenentzündungen, Embolien und Lähmungserscheinungen der Atmungs- beziehungsweise Schluckorgane zurückzuführen.

Paul Ehrlich und Emil von Behring hatten ihre medizinische Kompetenz als Mitarbeiter von Robert Koch erworben. Beiden gelang es, den Krankheitserreger, ein Bakterium, zu isolieren und dagegen eine vergleichsweise unkomplizierte Serumtherapie zu entwickeln. Dies durch ein neues Verfahren, das sich Bakterienkulturen bediente. Toxische Bakterien wurden in Petrischalen „gezüchtet“, in der Folge sterilisiert und dadurch in der giftigen Wirkung abgeschwächt. Die daraus gewonnenen Toxoide dienten als Basis für den Impfstoff. Dadurch konnte das Immunsystem angeregt werden, eine Infektion wurde durch genaue Berechnung der Dosierung verhindert. Die Impfgabe reichte aus, um das körpereigene Immunsystem auf diese Erreger einzustellen, dieses gleichsam scharf zu machen – und nach Eintritt der tatsächlichen Krankheitserreger in den Körper mit voller Kraft auf diesen loszugehen. Genau dieses Prinzip ist es, das auch der Mehrzahl der heutzutage verabreichten Impfungen zugrunde liegt.[62]

Das Beispiel der Tuberkulose hatte es gezeigt: Nicht immer gelingt es, Impfstoffe zu entwickeln. Ein berühmtes Beispiel dafür, wortwörtlich als berüchtigt zu bezeichnen und in den letzten Monaten immer wieder in seiner ganzen Bandbreite beschrieben, ist jenes der Spanischen Grippe. Diese katastrophale Erkrankung war 1918 auf ein ohnedies vom Ersten Weltkrieg geschwächtes Europa getroffen – und hatte dieses noch zunehmend ausgezehrt. Die europäischen Straßen waren zu diesem Zeitpunkt bevölkert von sogenannten „Kriegszitterern“ – vormalige Soldaten, die die Ereignisse in den Schützengräben nur schwer traumatisiert überlebt hatten – und „Kriegszermalmten", denen die Gräuel des Krieges an den zerstörten Gesichtern und amputierten Gliedmaßen abzulesen waren. Die in den Heimatsgebieten verbliebene Bevölkerung, Kinder, Frauen und Ältere, hatten in den vorangegangenen Jahren Hunger gelitten und sich vor Sorgen das Gehirn zermartert: Würde der geliebte Sohn, Ehemann, Vater wieder zurückkehren? Würden die Kriegshandlungen auch die Heimat verwüsten?

Die Überlebenden waren zwar äußerlich am Leben, oft jedoch nur noch der Form nach. Mangelernährung war weit verbreitet, lebenswichtige Nährstoffe fehlten an allen Ecken und Enden. Ganz zu schweigen von der grassierenden Hoffnungslosigkeit nicht nur der Eliten: Wie sollte man wieder Würde finden, Zuversicht, Lebensmut, vor sich die Trümmer der eigenen Geltungssucht?

Tatsächlich zog diese Grippe eine Schneise der Vernichtung durch die bevölkerten Erdgebiete, je entwickelter und dichter besiedelt diese waren, desto heftiger: Die Schätzungen der Toten reichen von zwanzig bis hundert (!) Millionen bei jedenfalls fünfhundert Millionen Infizierten. Und gerade die Generation der Hoffnung war es, die besonders getroffen wurde: Die Altersgruppe zwanzig bis vierzig Jahre forderte höchsten menschlichen Tribut. Die Bezeichnung als „Spanische" Grippe ist im Übrigen anerkannt irreführend: In Spanien durfte zwar mangels Zensur frei über dieses neue Krankheitsbild berichtet werden, den Ursprung verortet man jedoch heute eher in den USA. Überwiegend wird auch der Einsatz der Vereinigten Staaten im Ersten Weltkrieg für die weltweite Verbreitung verantwortlich gemacht. Erste Meldungen, deren Inhalt auf den Ausbruch dieser Grippevariante schließen lassen, stammen aus Kansas. Dort, im Camp Funston, waren nach der Überlieferung 65 000 Rekruten auf engstem Raum stationiert, während sie auf die Überschiffung auf den europäischen Kriegsschauplatz warteten.

Am 4. April 1918 soll zunächst ein Koch erkrankt sein; wenige Wochen später ist von mehr als tausend Erkrankten die

Rede. Es ist müßig, mit dem Wissen nachfolgender Generationen zu diskutieren, ob der damalige US-Präsident Woodrow Wilson „richtig" entschieden hat, Tausende Soldaten, eng auf Dampfschiffen zusammengepfercht, in den Krieg nach Übersee zu schicken.[63] So gilt historisch als gesichert, dass ohne Kriegseintritt der Vereinigten Staaten sich das Gemetzel in Europa noch Monate hinausgezögert hätte. Die zusätzlichen Todesopfer könnte man gar nicht der Zahl nach abschätzen. Andererseits: Musste den Entscheidungsträgern damals bekannt sein, mit welcher Geschwindigkeit sich ein zunächst endemisches Krankheitsgeschehen in eine Epidemie und schließlich mit fataler Zwangsläufigkeit in eine Pandemie entwickeln würde? Wer dies mit Sicherheit behaupten kann, werfe den ersten Stein. Es wird jedoch kein zielgenauer sein. Anders als heutzutage, da wir alle den Schrecken weltweit übergreifender viraler Seuchen kennen, musste dies noch nicht vor hundert Jahren gelten. Und wie hätten wir entschieden, stand doch der Weltfrieden auf dem Spiel? Zudem kann ja gar nicht seriös gesagt werden, ob tatsächlich nicht auch ohne diese Truppentransporte eine Pandemie vergleichbaren Ausmaßes entstanden wäre.

Die Spanische Grippe bestand aus drei Wellen, deren Stärke unterschiedlich war. Die erste Ausbreitungswelle war von den Todesraten her gesehen noch vergleichsweise unscheinbar. Dies galt jedoch nicht für die folgenden beiden, die für eine rasche Durchseuchung der Bevölkerung sorgten. Die „Herbstwelle" von 1918, die zweite dieser Pandemie, soll etwa in Deutschland und der Schweiz gut zwei Drittel der Bevölkerung angesteckt haben.

Prominente Opfer sind uns zur Genüge bekannt: so etwa die epochalen bildenden Künstler Edvard Munk und Egon Schiele. Möglicherweise starb das literarische Genie Franz Kafka, mit Sicherheit jedoch die welterklärende Jahrhundertfigur Max Weber an dieser Grippeform.

Therapien konnten nur gegen die Symptome erfolgen und blieben letztlich weitgehend wirkungslos. Die seinerzeit gerne verordneten Schwitzbäder, Packungen und Kuren sowie Umschläge konnten offensichtlich keinerlei Erfolge erzielen. Hustenmittel wie Codein, aber auch stark rauscherzeugende Substanzen wie Heroin, Morphium oder Kokain wurden wohl auch nur zur Linderung eingesetzt. Damals bekannte Medizinprodukte dienten zur Aufrechterhaltung einer Kreislaufstabilität und zur Sicherung der Lungenfunktion. Eine Impfung selbst konnte zu keinem Zeitpunkt erfolgreich eingesetzt werden.

Was den verzweifelten Gesundheitsbehörden blieb, war Quarantänemaßnahmen zu verhängen. Die damaligen Empfehlungen werden uns auch heute nur zu bekannt vorkommen: Vermeidung von Menschenmengen, regelmäßige und gründliche Körperhygiene, Mund-Nasen-Schutz, reichliche Lüftung von Räumen. Nach wie vor ist umstritten, welche Erfolge durch diese Beschränkungen erzielt werden konnten; dass diese wirksam waren, steht außer Zweifel. Ob die Senkung der Gesamtmortalität in nur einem geringen Umfang (zehn bis dreißig Prozent) oder doch bis zu fünfzig Prozent betragen hat, ist nicht gesichert.

Dass die Pandemie 1920 endete, ist unumstritten. Auf welche Art und Weise, ist Gegenstand verschiedener Theorien. Die eine, grundlegend medizinische, stellt zwei Aspekte in den Vordergrund: Einerseits hätten, bedingt durch eigene Infektion, schon so viele Menschen eine Immunität aufgebaut, dass das Virus ganz einfach keine Abnehmer*innen mehr gefunden hätte; insoweit wird auf den Gedanken der Herdenimmunität verwiesen. Andererseits wäre das Virus nach und nach in eine weniger aggressive Form mutiert und schlussendlich „ausgeschlichen". Die andere Erklärungsvariante zieht die gesellschaftliche Verfasstheit der Nachkriegszeit zu Rate: Truppentransporte waren Vergangenheit, die Überlebenden wollten wieder eine zentrale Lebensbasis finden. Man konzentrierte sich auf das eigene häusliche Leben. Eine solche Situation erschwert es verständlicher Weise jedem Virus, seine ungehinderte Zirkulationskraft vollständig zu entfalten.[64]

Dieser virologisch-epidemiologische Tod der bislang wohl schlimmsten Seuche der Menschheit ist also gänzlich ohne jegliche wirksame Impfung erreicht worden. Man kann nur schätzen, wie viele Todesopfer der Welt erspart geblieben wären, hätte man über erfolgreiche Impfstoffe verfügt. Ich wage zu mutmaßen: Abhängig vom Zeitpunkt der Bereitstellung könnten es durchaus Millionen gewesen sein.

Die Zukunft war erfolgreicher: 1933 ist es erstmals gelungen, ein Grippevirus zu isolieren und daher zweifelsfrei als solches festzustellen. 1945 wurden die ersten Grippeimpfstoffe angeboten. Die alljährlichen Grippeimpfungen zählen weltweit zur Routine von Millionen Menschen, um sich gegen die regelmäßigen Grippewellen zu wappnen.

Kombinierte Impfungen gegen die typischen Kinderkrankheiten sind heutzutage Standard (und teilweise Pflicht). Schwerste Erkrankungen wie etwa die Kinderlähmung wurden ausgerottet. Dies war nur durch weltweite Impfkampagnen und schlussendlich Erreichung der Herdenimmunität möglich.

Die Ebene des Rechts: Muss ich mich impfen lassen?

Allgemeines

Die Frage, die ich in diesem Kapitel thematisieren werde und zu beantworten versuche, ist folgende: Ist eine Impfpflicht gegen Covid-19 rechtlich zulässig?

Meiner Erörterung liegen folgende Annahmen zugrunde (ich verweise nochmals auf die Darstellung der derzeitigen Situation im Kapitel „Ausgangssituation“)

- Covid-19 ist eine potentiell lebensbedrohliche, schwere Krankheit, die zu mannigfachen schweren Gesundheitsschäden führen kann.
- Ein hoher Prozentsatz der damit infizierten Personen bleibt asymptomatisch, das heißt er entwickelt keinerlei Krankheitssymptome. Dennoch können derartige Personen das Virus auf andere Personen übertragen.
- Manche Infizierte weisen auch noch Monate nach Infektion Beeinträchtigungen des Gesundheitssystems, insbesondere durch mangelnde körperliche und psychische Belastbarkeit, auf. Es ist noch nicht klar, ob diese Beschwerden nach einer gewissen Zeit abklingen oder nicht.
- Je freier sich das Virusgeschehen entfalten kann, desto wahrscheinlicher ist es, dass sich Mutationen bilden. Manche davon sind im Vergleich zur ursprünglichen Stammvariante unbedenklicher, da sie weniger leicht übertragbar sind und/oder geringere Gesundheitsgefahren bedingen. Andere sind leichter übertragbar und können höhere Gesundheitsschäden bedingen, für manche trifft nur eine dieser Alternativen zu.
- Impfungen mit den hierzulande zugelassenen Impfstoffen verhindern mit höchster Wahrscheinlichkeit den Ausbruch eines schweren, zumal tödlichen Krankheitsverlaufs der geimpften Person. Das Risiko eines leichten Krankheitsverlaufs wird deutlich herabgesetzt. Dies gilt jedenfalls dann,

wenn ein voller Impfzyklus – bei zwei vorgesehenen Teilimpfungen wurden beide absolviert, bei nur einer (Impfstoff Janssen) diese – durchlaufen worden ist. Eine Teilimpfung bietet einen gewissen Schutz, der jedoch im Vergleich zum vollen Impfschutz nur einen Teil des Schutzniveaus gewährleistet.

- Der volle Impfzyklus bietet einen hohen Schutz dagegen, als geimpfte Person selbst im Falle einer Infektion das Virus an andere Personen weiterzureichen. Dieser ist nicht vollständig, aber von einer hohen Wahrscheinlichkeit.
- Es gibt Personengruppen, die aufgrund ihres Alters – Kinder und teilweise Jugendliche – oder bestehender gesundheitlicher Einschränkungen – vorbestehendes Krankheitsbild – eine Impfung nicht zumutbar bekommen können.
- Gegenwärtig stagniert die Impfrate. Weniger als zwei Drittel der erwachsenen Bevölkerung haben eine Teilimpfung erhalten, etwas mehr als die Hälfte dieses Pools die Vollimmunisierung.
- Es ist möglich und wohl wahrscheinlich, dass auch Personen, die schon eine Infektion mit Covid-19 durchgemacht haben, unabhängig vom diesbezüglichen allfälligen Krankheitsverlauf abermals an einer Variante erkranken können. Diese Personen können auch als aktive Überträger verschiedener Varianten dienen und andere Personen infizieren.

Ich werde auf Basis dieser derzeit wissenschaftlich außer Streit stehenden Annahmen auf den folgenden Seiten darlegen, ob eine Impfpflicht gegen Covid-19 rechtlich möglich ist. Sollte dies zutreffen, wird die Frage zu beantworten sein: Wäre eine solche rechtlich zu befürworten?

Argumentativ werde ich mich an folgendes Schema halten: Zunächst werde ich einen kurzen Exkurs in den Aufbau unserer Rechtsordnungen (Deutschland und Österreich) bieten. Dies ist für das Verständnis des gegebenen Stufenbaus wichtig: Welche Rechtsnormen sind höherrangig, woran müssen sich nachrangige halten? Ich werde in der Folge die relevanten europarechtlichen Vorgaben darstellen, die innerstaatliche verfassungsrechtliche Rechtslage und ausführen, ob nach diesen Vorschriften schon grundsätzlich derartige Eingriffe in die Freiheitsrechte denkbar sind.

Das gesamte Recht ist dem Grundsatz der Verhältnismäßigkeit unterworfen. Es kann daher sein, dass gewisse gelindere Maßnahmen zulässig sein könnten, weswegen schärfere – wie etwa eine Pflicht zur Impfung – unzulässig sein würden. Ich werde daher erörtern, welche derartiger Verfügungen auf Basis der derzeitigen Diskussion denkbar sind und wie sich deren rechtliche Betrachtung darstellen könnte.

Grundsätzlich ist das Recht in Deutschland und in Österreich von seiner Struktur her gleich konzipiert. Die Basis bilden die jeweiligen Verfassungsordnungen: in Deutschland das Grundgesetz, in Österreich das Bundesverfassungsgesetz. Beide Grundlagen werden durch die Europäische Rechtsordnung überlagert. Rechtsfragen von europäischer Bedeutung werden in der Charta der Grundrechte der Europäischen Union (GRC) und der Europäischen Menschenrechtskonvention (MRK) reguliert. Unter Beachtung dieser Grundlagen kann die staatliche Gesetzgebung durch die gesetzgebenden Körperschaften, das sind jeweils die Parlamente, erfolgen. Diese erlassen Gesetze, die vor allem menschliches Verhalten regulieren können.

Um sicherzustellen, dass höherrangige Grundlagen in der Rechtspraxis beachtet werden, ist für den europarechtlichen Bereich der Europäische Gerichtshof für Menschenrechte (EGMR) eingerichtet worden. Innerstaatliches Recht an der Verfassung zu messen ist Aufgabe des deutschen Bundesverfassungsgerichts und des österreichischen Verfassungsgerichtshofs.

Wird von diesen Höchstgerichten eine Verletzung der übergeordneten Rechtsgrundlage festgestellt, ist dies auszusprechen und dem betreffenden Mitgliedstaat aufzutragen, für eine Beseitigung dieses Zustands zu sorgen (EGMR) beziehungsweise können die diesbezüglichen Normen aufgehoben werden und sind nicht mehr rechtswirksam (Verfassungsgerichte). Alle staatlichen Institutionen haben sich an solche Aussprüche zu halten.

Rechtsgrundlagen

Europa

Von Seiten der GRC sind die Art. 2, 3 und 7 relevant.
Diese lauten (im hier bedeutsamen Umfang):
Recht auf Leben
Art. 2 (1) Jeder Mensch hat das Recht auf Leben.

Recht auf Unversehrtheit
Art. 3 (1) Jeder Mensch hat das Recht auf körperliche und geistige Unversehrtheit.
(2) Im Rahmen der Medizin und der Biologie muss insbesondere Folgendes beachtet werden:
a) die freie Einwilligung des Betroffenen nach vorheriger Aufklärung entsprechend den gesetzlich festgelegten Einzelheiten, [...]
Achtung des Privat- und Familienlebens
Art. 7 Jede Person hat das Recht auf Achtung ihres Privat- und Familienlebens, [...].

Die MRK verfügt über ähnliche Bestimmungen:
Recht auf Leben
Art. 2 (1) Das Recht jedes Menschen auf Leben wird gesetzlich geschützt. [...]

Recht auf Freiheit und Sicherheit
Art. 5 (1) Jede Person hat das Recht auf Freiheit und Sicherheit. Die Freiheit darf nur in den folgenden Fällen und nur auf die gesetzlich vorgeschriebene Weise entzogen werden: [...]
e) rechtmäßige Freiheitsentziehung mit dem Ziel, eine Verbreitung ansteckender Krankheiten zu verhindern, [...]

Recht auf Achtung des Privat- und Familienlebens
Art. 8 (1) Jedermann hat Anspruch auf Achtung seines Privat- und Familienlebens, [...].

(2) Der Eingriff einer öffentlichen Behörde in die Ausübung dieses Rechts ist nur statthaft, insoweit dieser Eingriff gesetzlich vorgesehen ist und eine Maßnahme darstellt, die in einer demokratischen Gesellschaft [...] zum Schutz der Gesundheit und der Moral oder zum Schutz der Rechte und Freiheiten anderer notwendig ist.

Schon aufgrund europäischer Vorgaben ist daher das Recht auf Leben unbedingt geschützt. Dem liegt die von Immanuel Kant entwickelte Idee des einzelnen Lebens als Zweck an sich zugrunde. Zunächst einmal bedeutet das, dass Staaten Personen nicht ohne guten Grund töten dürfen. Schon die Vorgabe macht klar, wann ein derartiger guter Grund vorliegen könnte: Aufrechterhaltung der öffentlichen Ordnung, Gefährdung von Leib und Leben anderer Personen oder dergleichen. Die Todesstrafe als solche ist etwa ausdrücklich unzulässig.

Jedenfalls hat der Staat Gefährdungen von Menschenleben vorzubeugen. Aus diesem Grund war es auch wichtig, die Art. 2 GRC und MRK zu zitieren: Ein Eingriff in dieses Grundrecht durch die Impfung ist nicht unbedingt zu befürchten, die Impfung selbst wird ja aller medizinischen Wahrscheinlichkeit nach keine Lebensgefahr bedingen. Eine Pflichtimpfung könnte jedoch Art. 7 GRC beziehungsweise 8 MRK beeinträchtigen; solche Eingriffe können allerdings, wenn ein übergeordneter Zweck – Gesundheit anderer Personen – vorliegt, gerechtfertigt werden. Allerdings ist die spiegelbildliche Seite des Tötungsverbots zu beachten: Aus Art. 2 ist ein Auftrag abzuleiten, derartigen Gefährdungen entgegenzuwirken. Mit anderen Worten und von der österreichischen Verfassungsjuristin Laura Pavlidis auf den Punkt gebracht:

„Eben weil Gefährdungen von Menschenleben vorzubeugen, für (Gefährdungen von) Menschenleben Verantwortung zu übernehmen und die Verantwortlichkeit für Todesfälle zuzuordnen ist, verpflichtet Art. 2 MRK zur Antizipation und Regulierung von beziehungsweise zu (präventiver und repressiver) Reaktion auf Gefährdungslagen. Daher stellt er auf eine verantwortungs-

volle, vorausschauende, reflexive und responsive Ordnung ab, die bestrebt ist, aus erfahrenen Todes-, Katastrophen- und Unglücksfällen zu lernen, Bedrohungsszenarien aufzumachen und darauf Eigeninitiative und effektiv zu reagieren."[65]

Schon der Wortlaut der Charta gibt daher ein klares Programm vor, das seine nähere auf den Einzelfall bezogene Ausdeutung durch Entscheidungen des EGMR gefunden hat. So hat der Gerichtshof ausdrücklich ausgesprochen, es bestünden in beträchtlichem Ausmaß Schutzpflichten für menschliches Leben, für die die einzelnen Staaten zu sorgen hätten. Dies gilt vor allem dann, wenn menschliches Leben gefährdet wird, etwa durch gefahrvolle Tätigkeiten, im Gesundheitswesen oder selbst durch Naturgefahren. Der Staat ist verpflichtet, derartigen Gefahren durch vorsorgliche Normsetzung zu begegnen und, sollten schon Verletzungen eingetreten sein, diese zu bestrafen.[66]

Der Staat ist auch zu Risikomanagement aufgerufen. Es ist sicherzustellen, dass absehbare Risiken nicht oder nur im geringstmöglichen Ausmaß eintreten. Dies umfasst auch Informationspflichten der Öffentlichkeit. Unterlässt der Staat dies allerdings, ist er für die eingetretenen Folgen direkt verantwortlich. Er kann daher auf Schadenersatz in Anspruch genommen werden. Das gilt auch dann, wenn es nicht zu dadurch bewirkten Todesfällen gekommen ist, eine Lebensgefährdung reicht aus.[67]

Art. 3 GRC gibt Schranken für staatliche Eingriffe in die menschliche Körperintegrität vor. Eine Einschränkung darf daher nur dann geschehen, wenn einerseits der Wesensgehalt (Schutz der körperlichen und geistigen Unversehrtheit, mit Ausnahme der freien Einwilligung der betroffenen Person) gewahrt und andererseits solche Eingriffe durch Gesetze der Staaten vorgesehen sind. Es ist ein allgemeines Prinzip bei grundlegenden Menschenrechten, dass diese dann rechtlich wirksam beschränkt werden können, wenn dies zur Aufrechterhaltung hochrangiger öffentlicher Interessen unbedingt notwendig ist. Hier kommt noch hinzu, dass eine Einschränkung

„den von der Union anerkannten dem Gemeinwohl dienenden Zielsetzungen oder den Erfordernissen des Schutzes der Rechte und Freiheiten anderer tatsächlich entsprechen“ wird.[68]

Gerade im Bereich öffentliches Gesundheitswesen ist die staatliche Schutzpflicht streng zu handhaben. Öffentliche und private Krankenanstalten müssen durch klare Vorschriften dazu verpflichtet werden, angemessene Maßnahmen zum Schutz des Lebens der Patient*innen zu treffen.[69]

Aufsehen erregt hat eine aktuelle Entscheidung des EGMR, der über Pflichtimpfungen von Kindern in Tschechien zu befinden hatte. Dort hatte ein Gesetz vorgesehen, dass sich Kinder gegen übliche Kinderkrankheiten impfen lassen müssen, um eine Herdenimmunität zu erreichen. Bei Nichtbefolgung waren Geldstrafen vorgesehen. Einige Kinder haben das Straßburger Höchstgericht angerufen und gemeint, dies greife unzulässig in individuelle Freiheitsrechte ein.

Der Gerichtshof ist in seiner Entscheidung vom 8. April 2021 jedoch eindeutig: Nationale Spielräume hätte der tschechische Gesetzgeber nicht überschritten. Tatsächlich sei es in einer demokratischen Gesellschaft üblich, dass der Gesetzgeber gerade Kinder schützen wolle. Eine Pflicht zur Impfung sei natürlich ein Eingriff in höchstpersönliche Rechte, in diesem Fall jedoch nicht nur gerechtfertigt, sondern angemessen.[70]

Bundesstaatliche Verfassungstexte

Art. 2 Abs. 2 des deutschen Grundgesetzes übernimmt diesen Gedanken des Lebensschutzes und formuliert:

Jeder hat das Recht auf Leben und körperliche Unversehrtheit. Die Freiheit der Person ist unverletzlich. In diese Rechte darf nur auf Grund eines Gesetzes eingegriffen werden.

In Österreich findet sich eine Art. 5 MRK nachgebildete Bestimmung im Bundesverfassungsgesetz über den Schutz der persönlichen Freiheit, Art. 2:

(1) Die persönliche Freiheit darf einem Menschen in folgenden Fällen auf die gesetzlich vorgeschriebene Weise entzogen werden:

5. wenn Grund zur Annahme besteht, dass er eine Gefahrenquelle für die Ausbreitung ansteckender Krankheiten sei oder wegen psychischer Erkrankung sich oder andere gefährde; [...]

„Grund zur Annahme" bedeutet, dass eine gewisse Wahrscheinlichkeit dazu angenommen werden muss.[71]

Eine Impfpflicht ist derzeit weder in Deutschland noch in Österreich vorgesehen. In Deutschland existiert zumindest grundsätzlich eine gesetzliche Grundlage, nämlich in § 20 Abs. 6 des Infektionsschutzgesetzes. Dort ist davon die Rede, dass das Bundesministerium für Gesundheit berechtigt ist, durch Rechtsverordnung mit Zustimmung des Bundesrates anzuordnen, bedrohte Teile der Bevölkerung zu Schutzimpfungen oder anderen Maßnahmen der spezifischen Prophylaxe zu verpflichten, wenn eine übertragbare Krankheit mit klinisch schweren Verlaufsformen auftritt und mit ihrer epidemischen Verbreitung zu rechnen ist. Personen, denen aus medizinischen Gründen keine solche Impfung zugemutet werden kann, müssen sich nicht einer derartigen Pflicht unterwerfen.

In Österreich existiert derzeit keine gleichlautende oder ähnliche Bestimmung. Eine solche müsste durch Gesetz erlassen werden. Überlegungen in diese Richtung hat es jedoch schon gegeben, und zwar schon vor hundert Jahren. Auch damals stand eine übertragbare Krankheit in der Diskussion, nämlich die Blattern. Diese war – im Verhältnis zu Covid-19 – vergleichsweise harmlos. Auch damals ist man jedoch zur wissenschaftlichen Erkenntnis gelangt, dass kein Zweifel am Wert einer derartigen Impfung bestehen könne. Unentschieden war, hinsichtlich welcher Krankheiten eine derartige Pflicht zur Impfung in das zu schaffende Epidemiegesetz Eingang finden könnte. Schließlich wurde das Gesetz zwar auf den Weg gebracht, jedoch ohne klare Vorgabe verpflichtender Impfungen.[72]

Strafrechtliche Regelungen
Dem Gesetzgeber war aber sowohl in Deutschland als auch Österreich bewusst, dass epidemische oder gar pandemische Krankheiten durch Sorgfaltslosigkeit oder sogar bewusst übertragen werden können.

Vor diesem Hintergrund wurden die § § 178 und 179 des österreichischen Strafgesetzbuches (öStGB) geschaffen. Diese regeln die Strafbarkeit einer Handlung, „die geeignet ist, die Gefahr der Verbreitung einer übertragbaren Krankheit unter Menschen herbeizuführen", wenn dieses Krankheitsbild zu den anzeigepflichtigen oder meldepflichtigen Krankheiten gehört. Covid-19 ist nach dem österreichischen Epidemierecht eine solche.

§ 178 spricht von einer „vorsätzlichen Gefährdung von Menschen durch übertragbare Krankheiten". Diese Bestimmung ist daher anzuwenden, wenn jemand im vollen Wissen darum, dass er andere Menschen mit einer solchen Krankheit anstecken könnte, ein Verhalten setzt, das zur Infektion führen könnte. Dazu reicht nach der Rechtslage sogenannter bedingter Vorsatz. Es reicht aus, wenn in Kauf genommen wird, eine derartige Gefährdung herbeizuführen. Beispiel, oftmals in den letzten Monaten angeklagt (und auch Gegenstand meines beruflichen Alltags): Eine Altenpflegerin ist Covid-positiv und weiß das. Dennoch verrichtet sie ihren Dienst. Kann man ihr nachweisen, sie hätte eine Gefährdung der besonders schutzbedürftigen älteren Pflegepersonen in Kauf genommen, dürfte es für die Betroffene negativ enden. Eine Strafe ist höchstwahrscheinlich. Eine Altenpflegerin ist grundlegend hygienisch ausgebildet und muss wissen, dass Covid eine höchst infektiöse und gerade für die betreute Gruppe lebensgefährliche Krankheit ist. Kann sie jedoch nachweisen, dass der Einsatz notwendig war, weil sonst zu pflegende Personen jedenfalls verstorben wären, wäre sie freizusprechen. In einem konkreten Fall waren alle anderen Pflegekräfte Covid-bedingt ausgefallen und von schweren Symptomen gekennzeichnet. Ersatzkräfte konnten nicht organisiert werden. Die Pflegerin wurde völlig zu Recht freigesprochen.[73]

Die Folgebestimmung hat demgegenüber die „fahrlässige Gefährdung von Menschen durch übertragbare Krankheiten" im Blick. Diese ist mit wesentlich geringerer Strafe bedroht. Sind es dort an Freiheitsstrafe bis zu drei Jahren, kommen hier nur Haftstrafen bis ein Jahr oder Geldstrafen in Betracht. Fahrlässig bedeutet *sorgfaltswidrig*. Man hätte sich genauer erkundigen müssen, gewissenhafter handeln, Risiken ausschließen. Auch hier gibt es extreme Auswüchse, nämlich die sogenannte grobe Fahrlässigkeit. Diese ist eine auffallende Sorglosigkeit und das Äquivalent zu einer Wahnsinnsfahrt etwa im Straßenverkehr. Wer eine rote Ampel passiert, handelt auffallend sorglos. Wer mit starken Symptomen die Quarantäne verletzt und weiß, dass er positiv auf Covid getestet wurde, ebenso. Die Abgrenzungen zum bedingten Vorsatz sind fließend.[74]

Erfordernis einer Strafbarkeit ist, dass sich die/der Täter*in bewusst ist, die Krankheit verbreiten zu können. Die sogenannte abstrakte Gefährdung reicht, eine Ansteckung muss daher theoretisch möglich sein. Für berüchtigte „Corona-Partys" – welch schreckliche Verniedlichung einer kaltblütigen Gefährdung anderer Menschenleben! – wird man dies in den allermeisten Fällen annehmen können. Hier haben in aller Regel Anklagen auch zur Verurteilung geführt.[75]

Deutschland erfasst solche Fallkonstellationen unter den herkömmlichen Körperverletzungsdelikten der § § 223 dStGB. § 223 definiert eine vorsätzliche Körperverletzung ähnlich Österreich als Folge einer körperlichen Misshandlung oder Gesundheitsschädigung, wofür eine Freiheitsstrafe von bis zu 5 Jahren oder einer Geldstrafe verhängt werden kann.

Anders als in Österreich ist hier nicht die Gefährdung als solche strafbar. Es kommt auf einen Taterfolg an, das heißt, es muss zu einer Gesundheitsschädigung gekommen sein.[76]

Soweit die Grundsätze, die sich aus der Rechtslage ergeben. Nun stellt sich die Frage: Mit welchem Ergebnis können diese auf die Frage einer Covid-Impfpflicht angewendet werden? Hier werden wir zunächst klären müssen, was unter einer solchen zu verstehen ist. Bedeutet Impfpflicht

- die Verpflichtung, sich mit einem zugelassenen Präparat impfen zu lassen,
- zutreffendenfalls: bei Verweigerung bestraft werden zu können?
- Sind hier nur klare gesetzliche Regelungen, mit denen die Verpflichtung zur Impfung bei sonstiger Strafbarkeit normiert wird, interessant, oder
- auch Maßnahmen des Nudging, die uns dazu bringen wollen, ansonsten drohende Nachteile zu vermeiden, etwa
- durch Verlust von Zugangsberechtigungen, Belastung mit Zusatzkosten oder Unterbindung einer Reisetätigkeit?

Dies wird in der Öffentlichkeit leidenschaftlich diskutiert. Derzeit scheint das Lager derjenigen, die sich gegen eine klare Impfpflicht bei sonstiger eindeutiger Strafaktion aussprechen, zu überwiegen. Die zuständigen Fachminister in Deutschland und Österreich haben dies bis zuletzt ausgeschlossen. Allerdings gibt es in beiden Staaten Bestrebungen gerade aus der Wirtschaft, zumindest mittelbar – durch spürbare Einschränkungen und Belastungen – die Impfquote zu steigern. Nur dies kann nach der vertretenen Darstellung der wirtschaftlichen Entwicklung und notwendigen Erholung eine berechenbare Grundlage liefern.

Diskutiert werden etwa eine Streichung von Gratistests. Müssen betroffene Personen, die sich nicht impfen lassen wollen, kostenpflichtige Testungen selbst zahlen, um das alltägliche Leben führen zu können, könnte dies zu einer höheren Impfbereitschaft führen, so diese Ansicht. Man bedient sich hier des Phänomens des Nudgings. Dieses ist aus der Psychologie bekannt und besagt: Man macht die Menschen geneigt, ein bestimmtes Verhalten zu setzen, ohne den Anschein zu erwecken, diese bevormunden zu wollen (was Abwehreffekte auslösen könnte). Berühmtes Beispiel: die in den Pissoirmuscheln der Herrentoiletten eingeprägte Fliege. Vor einigen Jahren waren Produzent*innen derartiger Einrichtungen daran gegangen, genau in das Zentrum der Abflussmuschel die lebensechte Darstellung einer Fliege aufzutragen. Erfahrungen haben gezeigt: Mann ist bestrebt, diese mit dem Strahl zu erwischen. Besonders konnte damit auch eine Ebene erreicht werden, die durch bloß gutes Zureden und Ersuchen bislang nicht erfolgreich angesprochen werden konnte – diejenige nach Überschreiten einer bestimmten Alkoholschwelle nämlich.

Nudging funktioniert, einmal mehr, einmal weniger. Oft ist die Grenze zwischen sanften Maßnahmen der Empfehlung zu harten Sanktionsmechanismen fließend. Im Zusammenhang mit Covid lautet die These: Muss sich jede/r den Test selbst zahlen, um die Gastwirtschaft aufsuchen zu können, werden manche die Kröte schlucken und sich lieber impfen lassen. Verunmöglicht man bloß Getesteten den Zugang und stellt diesen nur mehr Genesenen (mit gewisser Antikörperdichte) und (vollständig) Geimpften zur Verfügung, könnte dies umso mehr gelten. Oder man schränkt jegliche Reisetätigkeit auf Genesene und Geimpfte ein. Das Motto, formuliert von einer kanadischen Tageszeitung,[77] könnte hier lauten: „If they [gemeint sind Impfgegner*innen] want to engage in anti-social behaviour, they should be deprived of the opportunity to socialize with those of us who did our duty."

Derartige Beschränkungen werden rechtlich zulässig sein. Dies gilt mit einer aber wesentlichen Einschränkung: Sofern diese Maßnahmen nicht den sich aus dem Gleichheitssatz gebotenen Grundsatz der Gleichbehandlung verletzen. Gesetzgeberische Maßnahmen müssen nämlich dem Gebot der Sachlichkeit entsprechen: Gleiches ist gleich zu behandeln, Ungleiches ungleich. Kann man bei Schaffung eines Gesetzes eine Verletzung dieser Grundsätze nicht genau begründen, verstößt diese Norm gegen eine verfassungsrechtliche Vorgabe – und ist unzulässig und als nichtig von den Verfassungsgerichten aufzuheben.

Auch wenn daher derartige Maßnahmen des Nudgings schonender für die Betroffenen sein dürften als eine direkte, mit Strafsanktion abgesicherte Impfpflicht, bedeutet dies noch nicht, dass sie unter allen Umständen zulässig sein würden.

Es bleibt daher noch zu prüfen, ob bereits grundsätzlich ein gewisser Druck des Staates auf Personen, sich gegen Covid-19 impfen zu sollen, zulässig ist. Diese Schwelle wird zunächst einmal für besagte Maßnahmen genommen werden müssen, umso mehr jedoch für den direkten Eingriff in die körperliche Integrität, der einer Impfpflicht folgen würde.

Prüfung der rechtlichen Zulässigkeit einer Impfpflicht

Vorgehensweise

Ich werde mich nachstehend der Prüfung dieser Voraussetzungen anhand des folgenden Schemas nähern:

1. Ist Covid-19 eine mögliche Rechtfertigung für Eingriffe in die schon grundrechtlich geschützte körperliche Integrität der betroffenen Person?
2. Zutreffendenfalls: Ist ein solcher Eingriff durch eine verpflichtende Impfung verhältnismäßig?
3. Zutreffendenfalls: gilt dies
   a. für eine durch Incentives (Nudging) abgesicherte gewollte Verhaltenssteuerung,
   b. für eine solche, die durch Strafsanktion (Geld- oder Haftstrafen) bewirkt werden soll oder
   c. für eine durch behördlichen, nötigenfalls körperlichen Zwang durchgeführte Vornahme des Impfvorgangs?

Dieses Schema erlaubt, sich vom zunächst Allgemeinen dem Speziellen zu nähern. Werden die ersten Fragestellungen ausgeschlossen, sind die folgenden nicht mehr zu prüfen. Sollten wir etwa zum Ergebnis gelangen, dass Covid schon grundsätzlich nicht als Rechtfertigung für Eingriffe in die körperliche Integrität von Menschen infrage kommt, erübrigt sich die Prüfung, ob eine Pflichtimpfung verhältnismäßig sein würde. Dann nämlich würde schon prinzipiell diese Möglichkeit ausscheiden.

Lediglich die drei Zweige der dritten Fragestellung sind als Alternativen zu verstehen. Es ist möglich, dass Initiativen, die ein widerstrebendes Individuum durch Belohnungs- oder Benachteiligungssysteme zur Impfung bringen wollen, verhältnismäßig sind; solche allerdings, die Strafen (erst recht

Haftstrafen) vorsehen oder noch darüber hinaus eine Zwangsimpfung, müssten dies nicht unbedingt sein. Solche könnten sich als unverhältnismäßig und daher unzulässig erweisen.

Ich beanspruche jedenfalls nicht, dass diese Systematik die einzig denkbare oder richtige ist. Ich denke allerdings, dass uns diese eine sinnvolle Prüfung erlaubt, deren Prüfungsmaßstab sich immer weiter spezifiziert.

Zulässiger Eingriff in die körperliche Integrität durch Impfung?

Zu 1.: Diese Frage zielt darauf ab, die Grundlage jeglicher Maßnahme einer Impfpflicht zu klären: Kann es schon prinzipiell zulässig sein, Covid-19 als eine solche rechtfertigend heranzuziehen?

Es wird wesentlich davon abhängen, ob die Ausgestaltung einer derartigen Verpflichtung durch Gesetz, bloße Verwaltungsakte oder schlichtes Handeln von Behörden erfolgt. Kurz zur Erläuterung: Der Gesetzgeber „spricht" durch Gesetze. Es ist dies eine Sprache, die wir als Normunterworfene verstehen müssen. Der Gesetzgeber gibt Verhaltensnormen vor, von denen er erwarten kann, dass wir diese befolgen. Tun wir das nicht, können wir zur Sanktion gezogen werden. Diese wesentliche Frage will ich vorläufig zurückstellen und im Zusammenhang mit der Verhältnismäßigkeit gleich im Anschluss thematisieren.

An dieser Stelle steht zunächst die Klärung der Fragestellung an, ob Covid-19 als Krankheitsbild an sich eine entsprechende Eignung darstellen kann.

Hier ist auf die medizinischen Erkenntnisse der letzten Monate zurückzugreifen. Es ist zwar sicherlich so, dass das Phänomen von Coronaviren schon seit gut zwanzig Jahren der medizinischen Fachöffentlichkeit bekannt ist. Dies gilt besonders für den namhaften deutschen Virologen Christian Drosten, der bereits seit damals an diesen Viren forscht. Dieser Umstand hat nicht zuletzt auch zur Ausbildung einiger Verschwörungsmythen geführt, die in ihrer Essenz lauten: Corona gibt es ja schon Jahrzehnte. Bislang waren kaum Leute daran gestorben. Es ist daher die Mär von der Pandemie nur eine konstruierte

Panikmache oder zumindest das Drama, das die Regierungen um diese Sache machen, deutlich übertrieben.

Ich werde mich an dieser Stelle nicht mit derartigen Verschwörungsmythen auseinandersetzen. Ich werde diese übrigens auch nicht als Verschwörungstheorien bezeichnen: Dies wäre eine Beleidigung der Wissenschaft. Jede/r, die/der sich vertieft mit wissenschaftlichen Fragestellungen beschäftigt, hat mit derartigen Ideen nicht das Geringste zu tun. Wissenschaft bedeutet: ständiges Hinterfragen, Aufstellen von Thesen, deren Prüfung, Verifikation oder Verwerfen derselben, und nochmals von vorne. Dies streng nach den Regeln der wissenschaftlichen Ethik. Deren Methodik geht maßgeblich auf den Juristen, Wirtschaftswissenschaftler, Soziologen und Universalgelehrten Max Weber (1864–1920) zurück. Dieser hat klargestellt: Wissenschaft hat unparteilich zu sein. Man entscheidet sich zwar, zumeist aus Interesse (dies kann ein Forschungsinteresse sein oder ein persönliches, politisches, auch viele andere kommen in Betracht), für eine Forschungsthematik. Die Forschung selbst hat allerdings jedenfalls nach strikten Regeln zu erfolgen. Eine Hypothese, von deren möglicher Richtigkeit man ausgeht, ist streng nach den logischen Denkgesetzen zu prüfen. Wenn sich diese verfestigt, hat man eine These. Kann man diese als richtig feststellen, wird sie publiziert, um anderen Forscher*innen die Möglichkeit zu geben, darauf aufzubauen. Stellt sich während der Prüfung heraus, dass Bedenken bestehen, ist die These zu verwerfen. Oder andere Kolleg*innen tun das. Das alles geschieht tagtäglich Tausende Male weltweit. Weltsysteme, die man noch gestern für richtig gehalten hatte, stellen sich schon heute als falsch heraus.

Beispiel: Die Erde steht im Zentrum aller Welten. Jahrtausende lang hatten wir das geglaubt, ja waren fix davon überzeugt gewesen. Etwas anderes konnte ja gar nicht der Fall sein, das hätte ja der biblischen Offenbarung widersprochen! Da diese Grundlage allen Lebens auf Erden war, nahm man sie als Gewissheit hin. Dann betritt Nikolaus Kopernikus (1473–1543) die Weltbühne. Er zeigt, dass das Gegenteil richtig ist. Die Erde ist nur ein Trabant, der sich auf vorgegebenen Bahnen um die Sonne bewegt. Galileo Galilei (1564–1642), Johannes Kepler (1571–1630) und viele andere bestätigen das. Und wir müssen einen Bruch im Weltbild feststellen: Ein solcher Paradigmenwechsel stellt unsere Gewissheiten von einem Tag auf den anderen auf den Kopf, oder vielmehr vom Kopf auf die Füße. Auch derzeit leben wir in solchen Zeiten: Die Künstliche Intelligenz wird unser Leben völlig umkrempeln, wie wir schon jeden Tag mit Staunen bemerken können.

Verschwörungsmythen sind jedoch in aller Regel keine Thesen. Diese behaupten zwar etwas, haben jedoch nicht die geringste Evidenz für sich. Evidenz ist ein Fachausdruck für: Erfahrungswissen. Dasjenige, was die damit beschäftigten Kreise im Vorfeld erarbeiten und verifizieren konnten, bildet die Grundlage unserer wissenschaftlichen Erfahrung. Nicht viel anders bauen wir unser alltägliches Erfahrungswissen auf. Dieses verfügt über Erlebnisse, die wir erfahren, durchlebt, durchlitten haben.

Verschwörungsmythen können sich auf keine derartige Evidenz gründen. Vielleicht vermeinen wir, solche stünden mit eigenen Erlebnissen in Einklang. Das wäre jedoch völlig zu kurz gegriffen und ein logischer Fehlschluss. Nur weil wir etwa am Himmel Flugzeuge sehen, die angeblich Kondensstreifen hinter sich bilden, ist das noch kein Nachweis dafür, dass diese Chemtrails freisetzen, nämlich psychoaktive Stoffe, die unser Verhalten beeinflussen sollen. Die grundlegende wissenschaftstheoretische Regel ist als Ockhams Rasiermesser bekannt: Schneide Erklärungen aus, die nicht plausibel sind, verlasse dich zunächst auf Naheliegendes. Eng damit verwandt ist auch die Paarung Koinzidenz und Kausalität. Kausalität besagt: Eine Erscheinung ist auf ein Phänomen unmittelbar zurückzuführen. Letzteres ist die Ursache des Ersteren. Beispiel: Es regnet im Übermaß. Die daraus folgende Überschwemmung ist die Konsequenz. Hier ist das Hochwasser auf den Starkregen zurückzuführen.

Natürlich kann es immer Mitursachen geben, ohne die es nicht zur Folge gekommen wäre. Im genannten Beispiel etwa könnten dies unzureichende Abflussmöglichkeiten der Kanalisation sein, die Versiegelung von Bodenflächen, die Regulierung von Flussläufen. Kausal für eine Folge ist jedoch allgemein etwas, das diese verursacht.

Anders verhält es sich bei Vorliegen von Korrelationen. Hier tritt ganz einfach ein Phänomen gleichzeitig mit einem anderen auf, ohne dass tatsächlich berechtigt gesagt werden könnte, das eine habe das andere verursacht. Gerne zitiertes Beispiel: das Verhältnis von Sonnenbrand und Verzehr von Speiseeis. Uns wird es nicht wundern, dass bei sommerlichen Temperaturen vermehrt Eis konsumiert wird. Es füllen sich die Strandcafés, man verkostet die neuesten Sorten. Damit gehen oft Sonnenbrände Hand in Hand. Verständlicherweise: Gerade am Strand genießen wir die heißen Sommertemperaturen. Ein Übermaß an ungewohnter Sonne wiederum bedingt einen Sonnenbrand. Sonnenbrände und der Verzehr von Eis treten daher meistens gemeinsam auf. Würden wir tatsächlich behaupten, Sonnenbrände wären kausale Folge der Eiskonsumation? Eben. Das wäre ein klassischer Denkfehler, in der Psychologie als *confirmation bias* bekannt.

Diesem Trugschluss allerdings unterliegen viele Mitmenschen. Der Umstand, dass Bill Gates etwa schon vor einigen Jahren davon gesprochen hat, die nächste Pandemie wäre nur eine Frage der Zeit und man müsse sich wappnen, lässt sich nicht als Beleg für die Behauptung anführen, er sei schuld daran. Derartige Mythen finden sich allerdings dutzendfach. Hätte er nicht wirtschaftliche Interessen daran, so etwas wie eine Pandemie zu konstruieren, um an Produktion und Vertrieb von Impfstoffen zu profitieren? Wird uns nicht im Zuge der Impfinjektion ein Schwall von Nanopartikeln verabreicht, der uns durch eine uns nicht bekannte Schnittstelle von diesen Mächten steuerbar macht? Strebt Bill Gates nicht nach der Weltherrschaft?

Hier ein entsprechendes Kausalverhältnis zu sehen, ist zumindest mir nicht nachvollziehbar, ich bedaure. Nicht alles, was im Mäntelchen einer Theorie daherkommt, muss auch etwas sein, das man ernst nehmen muss. Derlei Mythen hat es natürlich immer schon gegeben: Im Mittelalter war etwa die Erscheinung eines Kometen ein Hinweis darauf, der Gottessohn würde wieder niederkommen. Das war ein vergleichsweise unschuldiger Mythos, der keine Menschenleben gefährdet hat. Abstruse Behauptungen im Zusammenhang mit Covid allerdings setzen Menschenleben aufs Spiel. Ich finde daher derartige Thesen alles andere als erheiternd.

Es kann sich aber auch anders verhalten: So werden wir gerne mit der Behauptung konfrontiert, unsere Regierungen hätten Covid – ob nun tatsächlich ein schwerwiegendes Krankheitsbild oder nicht, liegt jeweils im Auge der einzelnen These – dankbar herangezogen, um unsere Freiheitsrechte einzuschränken und uns zu Knechten und zu willfährigen Elementen staatlichen Größenwahns zu machen. Auch für diese Behauptungen gibt es nicht die geringsten Belege.

Im Gegenteil: Stellen wir uns vor, man hätte die Pandemie laufen lassen. Die jeweils erste Welle in Großbritannien und Schweden liefert dazu ja ein beredtes Beispiel. Dort war man, gedeckt durch die nachvollziehbaren Fachmeinungen der leitenden Infektiologen, der Meinung, es würde sich bald eine Herdenimmunität ausbilden, wenn man nur die Seuche durch die Lande ziehen lasse. Das Ergebnis haben wir gesehen: Es war dies eine vielleicht im Ansatz schlüssige Annahme, die sich jedoch bald als falsch herausgestellt hat. Großbritannien und Schweden haben schon nach wenigen Wochen völlig die Kontrolle über das infektiologische Geschehen verloren, die Todesraten – die berüchtigte Übersterblichkeit – waren enorm. Bald griff eine wenn auch reichlich späte Einsicht Platz – und es wurden Eindämmungsmaßnahmen verfügt, die wesentlich tiefgreifender waren als auf dem (restlichen) Kontinent.

Dies zeigt anschaulich, dass im Angesicht einer Pandemie staatliches Risikomanagement eingesetzt werden muss. Es reicht nicht, zunächst die Ausbreitung des Krankheitsgeschehens und deren Wirkung abzuwarten. Vielmehr muss man von negativen Verläufen ausgehen und entsprechende Maßnahmen setzen. Dies auch dann, wenn es zunächst im Zweifel möglicherweise überschießend sein dürfte. Sollte sich herausstellen, dass dies der Fall ist, sind natürlich derartige Beschränkungen wieder auf angemessenes Maß zurückzufahren. Umgekehrt jedoch gilt: Todesopfer lassen sich nicht ins Leben zurückholen. Das ist nicht nur eine Lehre aus den letzten Monaten, sondern wird als Maßstab auch unmittelbar durch das Gebot des Lebensschutzes (GRC, EMRK, Verfassungsordnungen) vorgegeben.

Ich jedenfalls will niemandem seine Ansichten wegnehmen, geschweige denn meine als richtig vorschreiben. Tatsächlich haben sich in den letzten Jahrhunderten seit den Verfassungsrevolutionen und der Aufklärung die Rechte der persönlichen und Meinungsfreiheit – zu unser aller Glück! – etabliert. Jede/r kann und soll daher denken, was immer sie/er will.

Der Staat allerdings als systematische Verkörperung der Gesellschaft muss auf das allgemeine Wohl Rücksicht nehmen. Er hat individuelle Meinungen zu schützen. Minderheitenrechte sind wichtig und dürfen in unseren liberalen Gesellschaften nicht unter den Tisch fallen. Mit Bedenken wird sich unser Blick in Richtung unserer östlichen Nachbarn Polen und Ungarn richten. Die dortigen ausdrücklich als illiberale Demokratien propagierten Systeme haben nur mehr wenig mit Rechtsstaatlichkeit zu tun, ja treten teilweise Menschenrechte mit Füßen.

So sind unsere Staaten verpflichtet, die Meinungsfreiheit sicherzustellen. Dennoch gibt es Aspekte, die über einen höheren Rang verfügen. Das menschliche Leben gehört dazu. Die im Einzelnen in diesem Zusammenhang relevante Abwägung werde ich im folgenden Punkt vornehmen. Das Ergebnis dieser Prüfung nehme ich jedoch an dieser Stelle vorweg, um gleich klarzustellen: Nicht jeder Meinung muss von der Gesellschaft gefolgt werden. Nicht jedem Mythos die Bedeutung einer Gestaltungskraft beigemessen werden. Nicht jede Auffassung, gerade wenn diese Menschenleben im großen Ausmaß gefährdet, entsprochen werden.

Nun aber zurück zur Fragestellung. Ist Covid-19 ein Krankheitsbild, das grundsätzlich einen Eingriff in die körperliche Integrität von Menschen rechtfertigen könnte? Dies wird, wie in Darstellung der Rechtslage und der diesbezüglichen Entscheidungspraxis des Europäischen Gerichtshofs für Menschenrechte, dann zutreffen, wenn es geeignet ist, Menschenleben in einem größeren Umfang existenziell zu gefährden.

Covid-19 ist eine Pandemie. Diese ist nicht endemisch auf ein abgrenzbares Gebiet beschränkt oder wirkt epidemisch über ein solches hinaus; Covid-19 wirkt im Weltmaßstab. Wir wissen, wenn wir über einen Bezug zur Realität verfügen, dass bereits Dutzende Millionen Menschen daran erkrankt sind und viele Millionen an den Folgen verstorben. Teilweise kennen wir dies aus dem nächsten Bekannten- oder Familienkreis.

Es ist auch unumstritten, dass diese Krankheit sich vergleichsweise leicht durch Aerosole übertragen lässt. Eine räumliche Nähe zu einer infizierten Person reicht aus, um eine eigene Infektion zu riskieren. Ein Aufenthalt in einem geschlossenen Raum mit dieser potenziert dieses Risiko noch erheblich. Masken, erst recht der Qualität FFP2, können dieses Risiko zwar herabsetzen, jedoch nicht gänzlich ausschließen. Noch dazu werden Masken, wie unsere persönliche Erfahrung zeigt, kaum jemals korrekt getragen. Viele tragen diese mehr oder weniger als Kinnschutz; teilweise ist nur der Mundbereich bedeckt, nicht immer die Nase. In diesen Fällen können virentragende Aerosole problemlos ausströmen und die Infektion übertragen.

Ein hoher Prozentsatz der infizierten Personen kann für weitere Infektionen sorgen, selbst wenn keine Symptome spürbar oder erkennbar sind. Bei einem großen Teil der Infizierten entwickelt sich ein leichter Krankheitsverlauf, der zwar unmittelbar für keine gröberen gesundheitlichen Probleme sorgt, jedoch teilweise eine Arbeitsunfähigkeit bedingt. Bei einem gewissen Prozentsatz der diesbezüglich beeinträchtigten Kranken verbleiben Dauerfolgen, die als Long Covid beschrieben werden. Es kann derzeit noch nicht gesagt werden, wie lange solche Schäden andauern, möglicherweise auf Jahre.

Ein geringer Prozentsatz der Infizierten bildet einen schweren Krankheitsverlauf aus. Dieser erfordert regelmäßig einen

Aufenthalt in Krankenanstalten, gelegentlich auf der Intensivstation. Oft ist eine künstliche Beatmung notwendig, teilweise sogar durch ECMO (die menschliche Atmung ist nicht mehr möglich, die Bereitstellung lebensnotwendigen Sauerstoffs erfolgt ausschließlich durch eine externe Maschine, die das menschliche Blut anreichert und in den Körper pumpt). Ein berücksichtigungswürdiger Teil dieser kranken Personen verstirbt in weiterer Folge.

Mit einem derartigen Krankheitsbild hatten wir in den westlichen Nationen in den letzten Jahrzehnten nicht zu kämpfen. Seit der Spanischen Grippe vor mehr als einem Jahrhundert hat es nichts Vergleichbares gegeben. Wir sehen, wie viele Todesopfer eine Nachlässigkeit der Gesundheitsbehörden nach sich zieht, siehe die Beispiele der benachbarten Staaten Großbritannien und Schweden (oder aktuell Brasilien). Beherztes staatliches Eingreifen ist daher notwendig – und die Evidenz zeigt, dass durch geeignete Maßnahmen auch eine Eindämmung des Infektionsverlaufs bewirkt werden kann.

Aktuelle wissenschaftliche Erkenntnisse[78] lassen eine klare, an Eindeutigkeit nichts zu wünschen übriglassende Beurteilung der ersten Frage zu. Eine Studie der Hochschule Mittweida mit Stand Kalenderwoche 28/2021 hat die bekannten Zahlen zugrunde gelegt und extrapoliert, das heißt, auf den zu erwartenden zukünftigen Entwicklungsverlauf hochgerechnet. Die Forscher*innen entwickeln vier Szenarien: Das günstigste Szenario mit der am wenigsten schädlichen Entwicklung, was die Folgen der Ausbreitung des Virus betrifft, stellt das eine Extrem dar. Das andere Ende der Bandbreite ist weitgehende Untätigkeit, dem Virus wird freie Bahn gelassen. Die in der Mitte zwischen diesen Polen liegenden Varianten sehen mehr oder weniger starke Lockdowns und begleitende Maßnahmen vor.

Nach Auffassung des leitenden Wissenschaftlers Kristan Schneider führt an der vierten epidemischen Welle im deutschsprachigen Raum kein Weg vorbei. Die stagnierenden Impfquoten, gepaart mit der hochinfektiösen Variante des Delta-Virus, lassen keinen anderen Schluss zu. Auch wenn die bisherigen Impfungen und Infektionsverläufe schwerwiegende Erkrankungen bis hin zur Todesfolge teilweise eindämmen können, würden doch jene, die bis dorthin nicht geimpft sein würden, einer Gefährdung ausgesetzt. Werden keine geeigneten Gegenmaßnahmen gesetzt, ist mit Ende November 2021 in Deutschland mit täglich (!) über 1,2 Millionen Infektionen zu rechnen; wird ein „Lockdown light“ mit Schulschließungen verhängt, ist das Peak um den Jahreswechsel zu 2022 noch immer durch über 400 000 tägliche Infektionen charakterisiert.

Ein harter Lockdown gewährleistet Ende Oktober 2021 vergleichsweise geringe 17 000 tägliche Neuinfektionen, eine Reaktivierung der deutschen „Notbremse“ Ende Jänner 2022 noch immer eine Zahl von über 13 000. Für Österreich werden aufgrund der bisherigen Empirie zehn bis fünfzehn Prozent dieser Zahlen anfallen.

Es drängt sich zunächst die Frage auf: Kann ein harter Lockdown, können abermalige Schulschließungen überhaupt an und für sich verhältnismäßig erscheinen, erlauben diese doch auch täglich Abertausende Neuinfektionen, während sie die Wirtschaft wieder auf den Boden zwängen und die Bewegungsfreiheit aller beeinträchtigen? Wir dürfen vor allem eines nicht vergessen: Die Kinder haben mit am meisten gelitten. Durch die monatelangen Schulschließungen, teilweise abgemildert durch Homeschooling, wurden ihnen wesentliche Bildungs-, Entwicklungs- und Erlebnischancen genommen. Wesentliche Teile davon sind auf Mitbürger*innen zurückzuführen, die sich konsequent dem Einhalten harmloser, allerdings sehr wirkungsvoller Maßnahmen wie dem Tragen von Schutzmasken verweigert haben.

Und nun sollen abermals jene leiden, die am wenigsten die Verantwortung für das Infektionsgeschehen tragen? Monatelang haben wir die berechtigte Klage der Wirtschaft vernommen, in besonderem Maße Leidtragende der verschiedenen Lockdown-Maßnahmen zu sein. Erscheint es auch insofern verhältnismäßig, ein weiteres Mal jede Möglichkeit einer wirtschaftlichen Erholung niederzuringen, um abermals Tausende Todesopfer zu verhindern? Klar auf der Hand liegt nämlich, dass täglich Hunderttausende Infektionen auch bedeutet: monatlich zumindest Tausende Sterbefälle, die direkt auf Covid zurückzuführen sind – zu Gunsten einer kalkulatorischen Redlichkeit deutlich abgerundet. Die tatsächliche Sterberate könnte deutlich darüber liegen, wenn man die bisherigen Erfahrungen ansetzt. Zugunsten der Seriosität dieser Einschätzung wurde allerdings ein großer Teil gestrichen, da insoweit ein Einfluss der durchgeführten Impfungen berücksichtigt wurde.

Ich denke, der Befund ist eindeutig: Solche Maßnahmen sind der Allgemeinheit nicht mehr zuzumuten und daher selbst unverhältnismäßig.

Ein breit angelegtes Impfprogramm mit dem Ziel Herdenimmunität jedoch erscheint vergleichsweise schonend. Dies würde zwar von Menschen, die sich bislang einer Impfung verweigert haben, erfordern, eine solche durchführen zu lassen. Eine gesundheitliche Schädigung durch den Akt der Impfung ist allerdings auf Basis der vorliegenden Evidenz nicht anzunehmen.

Der allgemeine Vorteil jedoch liegt klar auf der Hand: Auf Basis der bislang gewonnenen Erkenntnisse hält das Robert Koch-Institut[79] fest, eine abschließende Impfung der dazu infrage kommenden Bevölkerung würde die beste Grundlage dafür bieten, von einem „pandemischen zu einem endemischen Geschehen“ zu kommen, mit anderen Worten: den Infektionsverlauf in den Griff zu bekommen.

Der Autor der besagten Studie der Hochschule Mittweida Kristan Schneider schließt demnach die Präsentation der gewonnenen Erkenntnisse mit folgenden Worten:

„Es führt kein Weg an der Impfung vorbei! Es ist wichtig der Bevölkerung klarzumachen, dass Normalität erst dann wieder einkehren kann, wenn die Bevölkerung geimpft ist und bessere Behandlungen gegen das Virus entwickelt worden sind.“[80]

Als Fazit zu Frage 1. bleibt daher festzuhalten: Covid-19 ist ein Grund, der grundsätzlich gesetzliche Zwangsmaßnahmen rechtfertigen kann. Solche können das Entstehen einer Übersterblichkeit einschränken. Bei einer verantwortungsvollen Abwägung sämtlicher betroffener Elemente schlägt das Übergewicht eindeutig zugunsten dieser Variante aus. Die Beeinträchtigung von Entwicklungsmöglichkeiten unserer Kinder, der abermalige Crash unseres Wirtschaftssystems, der insofern entstehende Vertrauensverlust breiter Bevölkerungsgruppen in die staatliche Kompetenz und das sozioökonomische System die Gefährdung gerade schutzwürdiger Personengruppen an Leib und Leben auf der einen Seite überwiegen bei einer Gesamtbetrachtung die Nachteile, die eine Impfpflicht als Eingriff in die körperliche manchen bedeuten wird, bei Weitem. Durch welche Maßnahmen dies erfolgen kann und inwieweit solche gerechtfertigt sein können, ist im nächsten Schritt durch Prüfung der jeweiligen Verhältnismäßigkeit abzuklären.

Verhältnismäßigkeit einer Impfpflicht als solcher?
Zu Frage 2: Ich habe zuvor gezeigt, dass GRC und MRK – als grundrechtliche Vorgaben, die die Verankerung unserer Personen als Individuen in unserem Staatsgefügen konstituieren – einerseits das Recht auf Leben sichern, andererseits staatlichen Eingriffen klare Schranken auferlegen. Das Recht auf Leben bedeutet nicht nur, dass der Staat uns dieses nicht nehmen darf, sondern statuiert darüber hinaus eine Schutzpflicht: Der Staat muss Initiativen setzen, um bei drohender Gefährdung unseres Lebens für eine zumutbare maximale Eindämmung dieser Gefahrenlage zu sorgen. Gerade die Rechtsprechung des Europäischen Gerichtshofs für Menschenrechte im Zusammenhang mit Umweltgefahren ist eindeutig. Der Staat darf hier nicht in der Rolle als passiver Beobachter verharren und dem fatalen Geschehen seinen freien Lauf lassen. Im Gegenteil: Er hat geeignete Vorkehrungen zu treffen, um eine weitere Ausbreitung der schädlichen Entwicklung sofort und nachhaltig zu unterbinden.

Staaten verfügen zwar über finanziell nahezu unbeschränkte Mittel, wie wir alle spätestens seit der Finanzkrise ab 2007 wissen. Was für Wirtschaftskrisen gilt, muss umso mehr für Gesundheitskrisen gelten: Entsprechende Mittel sind in Situationen, in denen ein berücksichtigungswürdiger Teil der Bevölkerung durch schwerwiegende Krankheiten bedroht wird, zur Verfügung zu stellen. Solche sind geeigneten Institutionen wie etwa den Gesundheitsministerien zuzuweisen.

Auch hier gilt der Grundsatz der Verhältnismäßigkeit. Ebenso wie Einschränkungen menschlicher Freiheit durch staatliche Eingriffe nicht unverhältnismäßig sein dürfen, steht auch die im Einzelfall zu beurteilende individuelle Vorgabe des europäischen Grundrechtekatalogs an die Mitgliedstaaten, unter dem Vorbehalt, dass nur Maßnahmen in Betracht kommen, die auch zumutbar sind. Mit anderen Worten: Man darf auch von Staaten keine Wunderdinge erwarten. Hier kommt das Moment der Gerechtigkeit, wie zuvor im Rahmen der Medizinethik erörtert, ins Spiel. Dieses wird uns im Folgekapitel noch näher beschäftigen. Vorweg: Auch der Staat braucht nicht ins Unendliche zu schöpfen, um unbegrenzte finanzielle Mittel für die Behandlung eines auch gravierenden Seuchenbilds aufzustellen. So darf etwa mit Sicherheit nicht die staatliche Fähigkeit beeinträchtigt werden, den Betrieb grundlegender Staatsaufgaben wie Sicherheit, Daseinsvorsorge und Aufrechterhaltung des Wirtschaftssystems sicherzustellen.

Nachdem allerdings soeben das medizinethische Element der Gerechtigkeit thematisiert und als Argument gegen eine Verpflichtung zur Impfung erwogen wurde, gebietet es die Fairness, dieses auch in die andere Richtung zu wenden. Kann es nämlich fair und gerecht sein, allfällige notwendige Krankenbehandlungen von strikten Impfgegner*innen durch die öffentliche Hand zu finanzieren, wenn sich diese, wie zu erwarten, infizieren und doch einen behandlungsbedürftigen, allenfalls schweren Krankheitsverlauf ausbilden? Gerade Aufenthalte auf Intensivstationen kosten Unsummen. Täglich werden gut und gerne Tausende, Zehntausende Euro pro Krankenbett verschlungen. Kann es angehen, Personen, die sich sehenden Auges gefährden, noch das diesbezügliche finanzielle Risiko abzunehmen?

Ich denke, dies ist zu akzeptieren. Rechtlich und medizinethisch besteht weiteste Übereinkunft darin, dass Patient*innen auch ohne Angabe von Gründen jegliche therapeutische Behandlung ablehnen dürfen, auch wenn dies den Tod bedeuten kann. Vielfach werden Angehörige und gerade ärztliches und pflegerisches Personal eine solche Entscheidung niemals verstehen können. Hier steht jedoch der individuelle Wille über Fachkunde. Jede Person hat das Recht, über den Wert des eigenen Lebens zu befinden – und diesen gegebenenfalls auch negativ zu würdigen, wenn man das will. Dies ist Ausfluss der menschlichen Selbstbestimmung, medizinethisch-liberal verstanden (Kant würde dies anders sehen).

Das bloß finanzielle Argument kann vor diesem Hintergrund nicht ausschlaggebend sein, hier überwiegt das Element der Autonomie. Die Behandlung auf einer Intensivstation wird, wenn dies ärztlich für sinnvoll gehalten wird, finanziert werden müssen, auch wenn es manchem scheinen mag, die betreute Person habe dieses nicht „verdient". Grundrechte und solche auf empathische Zuwendung muss man sich nicht „verdienen", diese hat man. Dementsprechend fällt auch der Aspekt der Fürsorge ins Gewicht; beide (Autonomie und Fürsorge) verlagern das Erscheinungsbild der Waage zu Gunsten der vielleicht kritikwürdigen, so doch zu akzeptierenden individuellen Entscheidung.

Das Moment der Gerechtigkeit kommt aber insoweit wieder ins Spiel, als eine gesamtgesellschaftliche Kosten-Nutzen-Rechnung anzustellen ist. Rein finanziell besehen, wurde schon gefragt: Was kostet ein breit angelegtes Impfprogramm? Man könnte jedoch auch in die andere Richtung fragen: Was bringt ein solches? Untersuchungen haben ergeben, dass Impfprogramme grundsätzlich auf dieser Ebene betrachtet besonders günstig dastehen. Werden etwa gerade ersparte Krankenhausaufenthalte, Kosten für Pflege und Betreuung, verlorene Arbeitsstunden und Ausbildungszeiten sowie vergleichbare Faktoren berücksichtigt, ergeben sich volkswirtschaftlich erhebliche Vorteile.[81]

In den vergangenen Wochen wurde vielfach gefordert, derartigen Impfskeptiker*innen wäre jegliches Recht auf dadurch bedingte Krankenbehandlung zu versagen. Dies wird, wie soeben dargestellt, rechtlich und ethisch unzulässig sein. Ich selbst kann dem Argument, es gebiete konsequente Eigenmoral, in solchen Fällen eine Behandlung abzulehnen, durchaus etwas abgewinnen. Anders formuliert: Wer sich selbst erheblich gefährdet, soll auch nicht auf Kosten der Allgemeinheit für solche bewusst in Kauf genommene Schäden behandelt werden. Es steht jeder Person frei, seine eigenen Wünsche auf (Nicht-)Behandlung in einer Verfügung festzuhalten. Einen diesbezüglichen Zwang jedoch hielte ich für überzogen.

Es fragt sich daher zunächst: Würde ein System der Impfung gegen Covid-19 für alle Einwohner*innen, die dafür infrage kommen, vor diesem Hintergrund verhältnismäßig und zumutbar erscheinen? Die Einschränkung auf den genannten Personenkreis ist notwendig. Es gibt Menschen, die entweder aus organisatorisch-medizinischen Gründen derzeit nicht zur Impfung herangezogen werden können (das gilt etwa für Kinder und Minderjährige, Letzteres jedenfalls, was gewisse Impfstoffe betrifft) oder aufgrund gesundheitlicher Vorerkrankungen nicht in der Lage sind, bei vorsichtiger Betrachtung den Impfstoff auch zu vertragen. So wissen wir beispielsweise, dass gewisse Vorerkrankungen des Immunsystems oder im Bereich der Lunge das Risiko bedingen, auf Impfungen allergisch oder sonst nachteilig zu reagieren. Entsprechendes kann etwa für Angststörungen gelten. Natürlich kann sich jede/r Betroffene/r in einem solchen Fall freiwillig, sinnvollerweise nach entsprechender ärztlicher Aufklärung, impfen lassen. Sich einem solchen Risiko auszusetzen, muss jedoch aus freien Stücken erfolgen und darf keinesfalls auf äußerem Zwang durch das staatliche System beruhen. Ansonsten würde ein klarer Verstoß gegen das Grundrecht auf körperliche Integrität vorliegen, wie zuvor angesprochen.

Impfstoffe waren, wie wir alle mitbekommen mussten, zunächst im Rahmen der Europäischen Union nur äußerst schwer zu organisieren. Ob dafür jemand und zutreffendenfalls wer konkret Verantwortung für Versäumnisse zu tragen hat, wird noch zu klären sein. Tatsache ist jedenfalls, dass andere Staaten teilweise alles auf eine Karte, nämlich konkrete Präparate (Israel), gesetzt haben und andere wiederum gleich Unmengen an Dosen geordert haben, die die Bevölkerung mehrfach impfen könnten (Kanada). Wiederum andere haben Ausfuhrverbote verhängt, um im eigenen Land produzierte Impfstoffe zur ausschließlich eigenen Verfügung zu halten (Vereinigte Staaten).

Diese Problematiken sind jedoch nun zumindest in Deutschland und Österreich glücklicherweise Vergangenheit. Mittlerweile hat jede Person, die dafür von der Zulassung dieser Arzneimittel her infrage kommt, ein vielzitiertes Impfangebot erhalten. Nun sind auch Termine in Impfstationen, Krankenanstalten und bei niedergelassenen Ärzt*inn*en problemlos zu erhalten. Man ist zuletzt dazu übergegangen, gerade in durch die Öffentlichkeit stark frequentierten Bereichen niederschwellig Impfungen anzubieten, etwa in Einkaufszentren, bei Massenveranstaltungen und dergleichen.

Auch die Frage der Finanzierbarkeit der Impfstoffbeschaffung stellt sich nun nicht mehr. Derartige sind nun im Überfluss vorhanden. Gerade die Bereithaltung derjenigen der Produzenten AstraZeneca und Johnson & Johnson stellt die Gesundheitsbehörden vor keine Herausforderungen. Diese können vergleichsweise einfach aufbewahrt werden. Hinsichtlich der neuartigen mRNA-Präparate gilt das nicht unbedingt, diese müssen durch Trockeneis gekühlt gelagert werden. Dies verteuert den Transport und stellt vor logistische Herausforderungen. Auch diese werden jedoch nunmehr gut beherrscht.

Nachdem wir daher nunmehr über genügend Impfstoffdosen verfügen, um die gesamte dazu bereite Bevölkerung durchzuimpfen, können finanzielle Aspekte nicht mehr eine Verhältnismäßigkeit einer derartigen Immunisierungsstrategie beeinträchtigen. Die Verabreichung der Impfungen selbst kann wie bisher durch das diesbezüglich bereits etablierte System erfolgen und verursacht keine zusätzliche berücksichtigungswürdige Belastung.

Systemisch, das staatliche Gesundheitssystem vor Augen, ist eine breit angelegte Impfstrategie daher keinesfalls als unverhältnismäßig anzusehen. Sowohl die europarechtliche Vorgabe als auch die nationalen Verfassungsordnungen erlauben daher grundsätzlich vor rein diesem Hintergrund eine solche.

Zuvor hatte ich schon kurz die Frage angeschnitten, in welcher Form eine allfällige Pflichtimpfung vorgesehen werden müsste, um diesen Grundlagen zu entsprechen. Bereits die oben zitierte Rechtsprechung des Europäischen Gerichtshofs für Menschenrechte hat klargestellt, dass die Verankerung als Gesetz unbedenklich sein wird, wenn alle sonstigen Voraussetzungen vorliegen. Rein vom Stufenbau der Rechtsordnung her besehen und die „Sprache“ des Gesetzgebers im Blick, können die Parlamente gesetzliche Regelungen erlassen und eine solche Pflicht vorgeben.

In Deutschland käme dafür das Infektionsschutzgesetz infrage, das ja die Möglichkeit dazu schon vorsieht, in Österreich würde sich eine Ergänzung des Epidemiegesetzes anbieten. Anders zu beurteilen könnte die Frage sein, ob auch staatliche Vorgaben anderer Herkunft eine Impfpflicht zulässiger Weise schaffen könnten. Zuerst habe ich staatliches Verwaltungshandeln angesprochen. Dieses meint etwa die Erlassung von Verordnungen oder individuellen Verwaltungsakten. Verordnungen sind generelle Richtlinien, die einen größeren Personenkreis betreffen und auf Basis von Gesetzen erlassen werden. Sie sollen die Gesetzeszwecke für konkrete Situationen spezifizieren und so die Gesetzesanwendung in der Lebenswirklichkeit erleichtern. Individuelles Verwaltungshandeln äußert sich vor allem in Entscheidungen, die einer konkreten Person zur Beachtung vorgegeben werden. Ein Strafbescheid etwa richtet sich dann an mich, wenn ich die gesetzlich zulässige Geschwindigkeit erheblich überschritten habe.

Dem dargestellten System der Rechtsprechung des Gerichtshofs ist bislang zu entnehmen, dass jedenfalls Gesetze ihrem Charakter nach als zulässig erscheinen. Ich will daher bis auf Weiteres davon ausgehen, dass staatlicherseits die Form der Gesetzgebung gewählt wird, um Eindämmungsmaßnahmen gegen eine Ausbreitung von Covid-19 zu verfügen. Eine

Prüfung anderer Rechtsformen erfolgt im Anschluss in Beantwortung von Frage 3.

Das Element der Verhältnismäßigkeit, an dem als Maßstab die Zulässigkeit von Beschränkungen der Grundfreiheiten der Menschen zu prüfen sind, ist schließlich auch im individualmenschlichen Bereich zu prüfen. Die nun sich anschließende Frage lautet daher: Ist es dem einzelnen Menschen zumutbar, sich einer Impfpflicht ausgesetzt zu sehen, auch wenn dieser eine Impfung ablehnt?

Nochmals muss ich vorausschicken: Die folgenden Erwägungen sind immer vor dem Hintergrund zu verstehen, dass dies nicht für alle Menschen gleichermaßen gelten kann. Ich scheide ausdrücklich alle Personen aus, die aus gesundheitlichen Gründen oder solchen, die in einer auf (noch) nicht erfolgten Zulassung der Impfstoffe für diese gelegen sind, nicht geimpft werden können oder denen eine Impfung nicht zumutbar ist.

Es verbleiben allerdings als Rest Millionen Menschen – die überragende Bevölkerungsmehrheit –, denen grundsätzlich eine Impfung aus medizinischen Gründen möglich ist. Deren Leben und Gesundheit wird durch eine solche nicht gefährdet. Von diesen entscheiden sich nun manche ausdrücklich gegen eine Impfung. Einige könnten diesbezüglich Begründungen angeben, die auf eine generelle Impfskepsis zurückgeführt werden können, auf Bedenken im Hinblick auf die konkreten Impfstoffe (etwa im Zusammenhang mit der negativen medialen Berichterstattung im Zusammenhang mit AstraZeneca und Thrombosen, die in einem etwas erhöhten Maße gegenüber dem Durchschnittsniveau nach Impfung aufgetreten sein könnten, wobei die Frage Korrelation oder mögliche Kausalität noch nicht abschließend geklärt ist), oder es ist die bewusste Inkaufnahme eines diesbezüglichen Risikos. Eines muss ich an dieser Stelle weiters ausdrücklich klarstellen: Das Individuum ist grundsätzlich nicht verpflichtet, dem Staat gegenüber eine Begründung für seine Meinung anzugeben. Man ist auch, wie bereits dargestellt, nicht verpflichtet, eine allfällige Ablehnung von medizinischen Behandlungen zu begründen, auch wenn dies tödlich enden könnte und von niemandem anderen nach allen Vernunftmaßstäben nachvollzogen werden kann.

Eine individuelle Entscheidung bleibt eine individuelle Entscheidung – solange andere Individuen dadurch nicht gefährdet werden. Und genau dieses ist der Knackpunkt, an den uns Covid-19 heranstößt. Dieses erbarmungslose Infektionsgeschehen hat kein Verständnis für individuelle Werthaltungen, sondern drängt uns in die wahrhaft existenzielle Ecke. Wir alle müssen uns entscheiden, wie wir uns zu diesem pandemischen Geschehen verhalten.

Wir können auch den Kopf in den sprichwörtlichen Sand stecken. Wir können hoffen, dass dieses Geschehen an uns vorbeiziehen möge. Wir können vorgeben oder wirklich meinen, dieses berühre uns nicht. Dem Virus wird das egal sein. Er kümmert sich nicht darum, ob wir die Gefahr ernst nehmen, beiseitedrängen wollen oder gar nicht wahrnehmen. Wenn sich die Möglichkeit bietet, wird es uns infizieren.

Dies ist auch in den letzten Wochen mehrfach von vertrauenswürdigen Quellen klargestellt worden: Wer sich nicht impfen lässt und nicht das (fragwürdige) Glück hat, schon eine Infektion durchgemacht zu haben und noch über ausreichende Abwehrstoffe zu verfügen, wird sich zwangsläufig mit einer der dann grassierenden Varianten infizieren. Wir können noch nicht abschätzen, in welche Richtung sich dieses Geschehen entwickeln wird. Es ist durchaus möglich, dass die Varianten in ihrer Schwere abnehmen. Es ist auch möglich, dass die Pandemie, alltagssprachlich formuliert, einschläft.

Verantwortungsvolles Risikomanagement allerdings gebietet, nicht umstandslos von einem solchen Best Case Szenario auszugehen. Andere Verlaufsformen sind wahrscheinlicher. Irgendwann werden wir bei einer Omega-Variante angelangt sein, die jegliche Impfbarriere überwinden wird – und sich nicht um vorangegangene Infektionen kümmert. Irgendwann wird mit hoher Wahrscheinlichkeit eine Situation eintreten, in der wir alle als empfangsbereite, wenn auch mental widerstrebende Wirt*innen bereitstehen. Ullrich Fichtner bringt diese Problematik auf den Punkt:

„Nach der Alpha- macht sich die Delta-Variante des Virus bereit, und wenn es nicht gelingt, die Menschheit so weit wie möglich durchzuimpfen, so schnell es eben geht, dann wird das griechische Alphabet bald nicht mehr reichen, die immer neuen, womöglich gefährlicheren Mutanten zu benennen.
Gelingt es nicht, Covid-19 rasch einzudämmen, dann werden wir uns alle einzurichten haben mit einer Krankheit, die schlimmstenfalls die Kraft behält, wieder und wieder die ganze Welt anzuhalten, in immer neuen Wellen über uns zu kommen, mal heftiger, mal milder, aber immer wieder so, dass Menschen aus dem Leben gerissen und andere aufs Krankenlager geschickt werden.“[82]

Es ist eine Verantwortung von uns modernen Menschen, uns zu informieren, uns informiert zu halten, eben nicht den Kopf in den sprichwörtlichen Sand zu stecken. Wenn wir diesem Gebot der Autonomie entsprechen, werden wir erkennen, dass wir einen solchen abzulehnenden Endzustand des Pandemiegeschehens nur durch eine vorher erreichte Herdenimmunität abwenden können.

Natürlich werden manche sofort einwenden: Warum wir? Selbst wenn wir uns alle durchimpfen, was ist mit dem Rest der Welt? Wann wird etwa jemals Indien einen derartigen Impfschutz aufgebaut haben, dass man dort von Herdenimmunität sprechen könnte? Dort eine Durchimpfungsrate von bis zu neunzig Prozent zu erreichen, würde ja schon aus derzeitiger Sicht bei Zugrundelegung der günstigsten Voraussetzungen Monate dauern! Vom gesamten Kontinent Afrika noch gar nicht zu sprechen; dort hat man es ja gerade erst geschafft, eine Impfquote von bei Weitem nicht zehn Prozent zu erreichen. Wenn dort erst einmal die Pandemie um sich greift, ist eine rasche Durchseuchung der Gesellschaften nur eine Frage der Zeit. Ebenso eine Ausbildung von – möglicherweise, bei realistischem Blick jedoch wahrscheinlichen – schadensträchtigen Varianten. Und diese werden irgendwann einmal zu uns gelangen.

Dieser Einwand und vergleichbare sind natürlich nicht von

der Hand zu weisen. Dennoch, abermals verantwortungsvolles Risikomanagement: Wir wissen, dass selbst ein vollständiger Impfzyklus keine Infektion und deren Weitertragung mit Sicherheit verhindert. Mit einer hohen Durchimpfungsrate in unserer Gesellschaft können wir jedoch sicherstellen, dass zumindest in unseren Landen keine hohe Dichte an Mutationen auftritt. Möglicherweise schaffen wir es das Virus auszuhungern. Vielleicht sogar endgültig: Wenn wir erst die Herdenimmunität erreicht haben, könnte es durchaus sein, dass auch Varianten keine Abnehmer*innen mehr finden. Wir werden dann in diesem Optimalfall desensibilisiert, für das Virus unempfänglich.

Natürlich muss es auch weltweite Impfprogramme geben. Es ist wenig überraschend, dass die reichen Industrienationen zunächst egoistisch an die eigenen Interessen gedacht haben und sich über neunzig Prozent der Impfstoffe sichern wollten. Diese Schwelle ist aber nun überschritten. Impfstoff stünde nun grundsätzlich auch ärmeren Nationen zur Verfügung, auch wenn die Distribution noch hapert. Gerechtigkeit würde es gebieten, uns nach allen Kräften dafür einzusetzen, dass auch andere Weltgegenden entsprechenden Impfschutz erlangen können. Wir als einzelne Individuen jedoch haben wenig faktische Möglichkeit, insoweit einen Beitrag zu leisten.

Was wir aber können, ist durch eigene Impfung nicht nur die Wahrscheinlichkeit, selbst an Covid zu erkranken, zu minimieren, sondern vor allem an der Unterbindung einer weiteren Verbreitung mitzuwirken. Der zugrunde liegende Gedanke ist einfach nachzuvollziehen: Auch wenn eine Impfung keinen hundertprozentigen Schutz gegen eigene Infektiosität bietet, so doch zumindest einen hohen. Und dies alleine potenziert sich, den gesamten gesellschaftlichen Maßstab vor Augen, in Höhen, die einen gesamten Schutz unserer Gesellschaft vor einer weiteren Verbreitung als nahe liegend erscheinen lassen. Auch hier ist wieder Herdenimmunität das Stichwort: Sind je nach Variante einmal zumindest neunzig Prozent der Bevölkerung durchgeimpft, dürfte das Krankheitsgeschehen sanft entschlafen.

Kann dies eine Pflichtimpfung rechtfertigen? Ich bin mir sicher: eindeutig. Auch wenn die grundrechtlichen Schranken massiv sind und Eingriffe in die körperliche Integrität – somit auch durch Impfung – nur zulässig sind, wenn ein höheres Ziel verfolgt wird, gilt dies auch in diesem Fall. Das höhere Ziel ist hier die gesamt-gesellschaftliche Gesundheit, oder anders gewendet: der Schutz der anderen vor einer möglicherweise tödlichen Krankheit.

Das ist keine Fantasie, sondern Alltag. Immunbeeinträchtigte Personen und Kinder können sich nicht impfen lassen, auch wenn viele das gerne würden. Diese können wir nur schützen, wenn der Rest der Bevölkerung über Immunität verfügt. Eine solche kann nur auf absehbare Zeit und ohne weitere Abertausende Todesopfer zu riskieren durch eigene Impfung erfolgen. Dies nicht zu erkennen, wäre ein logischer Fehlschluss und zumindest egoistisch, wenn nicht sozialdarwinistisch. Charles Darwin (1809–1882), der berühmte englische Naturforscher, hatte das Gesetz der Evolution erkannt. Arten entstehen, Arten sterben. In der Natur gilt das Gesetz des Stärkeren: Die am besten an die Natur angepasste Gattung setzt sich letzten Endes durch, andere Varianten sterben aus. Wir Menschen sind noch am Leben und haben uns durchgesetzt, da wir mit unserer Intelligenz am besten an die vielfältigen Naturvoraussetzungen angepasst waren.

Die Idee des Sozialdarwinismus hat diese Annahme noch verschärft und auf menschliche Gesellschaften bezogen. Auch hier gilt das Recht des Stärkeren. Kranke, nicht „lebenswürdige" Existenzen würden quasi als Naturgesetz sterben. Der Nationalsozialismus etwa hat dies noch durch aktive Maßnahmen der „Euthanasie" aufgedoppelt.

Wenig anderes würde letztlich die Auffassung beinhalten, die gesellschaftliche Bedeutung der eigenen Impfung für ungeschützte Personen egoistisch zu ignorieren. Dies würde bedeuten, das Schicksal hilfebedürftiger Personen als irrelevant beiseitezuwischen. Wir als moderne Gesellschaft sollten jedoch gerade aufgrund der Erfahrungen des letzten Jahrhunderts eine gewisse Empathie entwickelt haben – und über ein

Verantwortungsbewusstsein verfügen, das auch der grundlegenden Regel des Lebensschutzes zugrunde liegt.

Nachdem eine Impfung derjenigen Personen, die gesundheitlich dafür infrage kommen, hohe Sicherheit dafür bieten kann, Herdenimmunität zu erreichen, ist daher rechtlich eine Verhältnismäßigkeit einer Impfpflicht gegen Covid-19 anzunehmen. Der überwiegende Zweck ist der Schutz der Allgemeinheit, gerade gefährdeter Bevölkerungsgruppen, gegen dieses tödliche Virus. Über diese unmittelbaren Gefahren für Gesundheit und Leben kommen noch mittelbare dazu. Diese sind in den Monaten der Pandemie unter dem Titel „Überlastung des Gesundheitssystems" diskutiert worden. Eine hohe Hospitalisierungsrate bedeutet, dass Ressourcen von Krankenanstalten gebunden werden; andere lebensnotwendige Behandlungen müssen dann zurückgestellt werden – oder es wird gleich zum System der Triage gegriffen: Ärztinnen bzw. Ärzte, ein Algorithmus oder der Zufall entscheiden darüber, wer in den Genuss einer lebenssichernden Behandlung kommt oder nicht. Todesopfer sind dann die logische Folge, unabhängig davon, ob das bedauernswerte Opfer Covid-positiv gewesen sein sollte oder nicht.

Individuelle Freiheitsinteressen müssen im Zuge einer verantwortungsvollen Interessenabwägung dagegen zurückstehen. Eine Impfung wird mit an Sicherheit grenzender Wahrscheinlichkeit die zu impfende Person nicht schädigen, allerdings realistisch für eine Eindämmung des Infektionsgeschehens sorgen. Frage 2. ist daher positiv zu beantworten, ein Eingriff in die körperliche Integrität durch eine Covid-19-Pflichtimpfung wäre daher rechtlich verhältnismäßig.

Verhältnismäßigkeitsprüfung nach Typen

Zu Frage 3: Nun, da die Grundlagen geklärt sind, darf ich Sie dazu einladen, gemeinsam mit mir zur Prüfung der Alternativen zu schreiten, die eine Impfpflicht im einen Fall durch Umwege, im anderen durch unmittelbare Normierung einer solchen und im abschließenden sogar durch zwangsweise Vornahme durchsetzen wollen.

a. Nudging

Dieser Variante steht der vergleichsweise sanfte Weg durch Nudging vor Augen. Wir als Rechtsunterworfene sehen uns mit einer Situation konfrontiert, die uns schon nach der behördlichen Absicht in die gewünschte Richtung pro Impfung geleiten sollen. Dies kann durch zielgerichteten Druck erfolgen, etwa durch Einschränkung oder gar Verlust von Zugangsberechtigungen. Man denke etwa an Konzerte, die nun wieder angeboten werden. Der Zutritt zu diesen könnte auf vollständig geimpfte oder solche Personen beschränkt sein, die eine erfolgreiche Genesung nach überstandener Krankheit beziehungsweise zumindest Infektion, gegebenenfalls unter Nachweis einer noch bestehenden gewissen Menge an Abwehrzellen, nachweisen können. Das gleiche Prinzip könnte für Flugreisen, Lokalbesuche oder sonstige Zutritte zu öffentlich frequentierten Orten gelten. Private Anbieter von Leistungen können ohnedies den Zutritt grundsätzlich nach eigenem Gutdünken reglementieren.

Noch eine kurze Einschränkung zum letzten Satz ist nachzuschieben: Der Willkür sind Grenzen gesetzt. Solche sollen vor rassischen, genderbezogenen oder sonst schikanösen ungerechtfertigten Differenzierungen schützen. Es ist jetzt schon abzusehen, dass gegen die Benachteiligung von nicht geimpften Personen Klage geführt beziehungsweise Beschwerden schließlich bei den Höchstgerichten eingereicht werden dürften. Eine realistische Schätzung meinerseits auf Basis der bisherigen Erkenntnisse ergibt allerdings, dass derartige Differenzierungen sachlich gerechtfertigt (Gesundheitsschutz der Bevölkerung) und daher zulässig sein dürften.

Eine andere Alternative wäre beispielsweise das bisherige Testregime einzuschränken. Bestehende Zutrittsberechtigungen dürften etwa nur mehr dann auf getestete Personen lauten, wenn diese den Testvorgang selbst zahlen. Derzeit erfolgt dies zum guten Teil durch die öffentliche Hand. Die diesbezügliche finanzielle Belastung fällt sicherlich dann ins Gewicht, wenn eine gewisse Anzahl von notwendigen Testungen absolviert werden muss. Viele der Betroffenen dürften dann tatsächlich geneigt sein, die (wenn auch nicht gewünschte) Impfung zu vollziehen. Gerade PCR-Tests kosten gutes Geld, Antigentests sind vergleichsweise günstig. Diesen permanenten Aufwand an Zeit und Geld könnte man durch die Impfung einsparen.

Oder man schränkt den Geltungsbereich von Covid-Tests, die eine Zutrittsberechtigung bieten, auf die besagte PCR-Schiene ein. Dadurch würden die Kostenvorteile der Antigen-Testung aufgehoben – und Interessierte müssten die kostenintensive Alternative wählen. Auch dies könnte als Ansporn dienen, die Impfung zuzulassen.

Derartige Maßnahmen lassen sich viele denken. Ich bin auch davon überzeugt, dass viele erdacht werden werden. Grundsätzlich entspricht es dem gesetzgeberischen Gestaltungsspielraum, allgemein gültige Verhaltensnormierungen vorzusehen. Nach unserem System der indirekten Demokratie haben wir die regelmäßige Möglichkeit, unsere Repräsentanz in den gesetzgebenden Körperschaften selbst zu wählen. Dieses System hat sich nun Jahrzehnte bewährt, ein Besseres haben wir noch nicht gefunden.

Auf Basis der bereits zuvor dargestellten Überlegungen wird es sowohl systematisch als auch gerade der Rechtsprechung des EGMR folgend unproblematisch möglich sein, eine Druckkulisse aufzubauen, die uns geneigt macht, die Impfung zu absolvieren. Es lassen sich aber auch Konstellationen denken, die mit Sicherheit unzulässig, da unverhältnismäßig sein würden. Würde etwa der Zugang zu Lebensmittelläden oder sonstigen Stellen des persönlich-existenziellen Bedarfs auf ausschließlich durch Impfung vollimmunisierte Personen eingeschränkt – und dadurch neben Ungeimpften auch Genesene ausgeschlossen –, wäre diese Regelung mit Gewissheit unverhältnismäßig. Hält sich der Gesetzgeber jedoch an das bereits vielfach dargestellte Prinzip der Verhältnismäßigkeit und kann dies plausibel begründen, dürfte kein grundsätzlicher Einwand mit Aussicht auf Erfolg ersichtlich sein, der gegen eine Zulässigkeit sprechen würde.

Derartige Verfügungen müssen jedoch nicht mit Gesetzescharakter von den gesetzgebenden Körperschaften beschlossen werden. So ist auch denkbar, dass entsprechende Regelungen von Verwaltungsbehörden erlassen werden, die sich ebenso an einen unbestimmten Personenkreis richten. Der Anwendungskreis könnte durchaus gleichlautend sein, etwa sämtliche in der Republik befindliche Personen. Der Weg wäre jedoch ein anderer: In den Parlamenten muss über Gesetzesvorschläge abgestimmt werden, es bedarf der Mehrheit. Behörden sind in aller Regel autokratisch organisiert, das heißt letztlich entscheidet hier die/der Fachminister*in. Ein gravierender Unterschied besteht auch in der Konzeption der Organe: Die Gesetzgebung soll allgemein wirksame Regeln vorgeben, deren nähere Ausgestaltung durch Behördenakte erfolgen soll. Gesetzgebende Organe sind demokratisch legitimiert, Behörden nicht. Behörden vollziehen die Gesetze, der Gesetzgeber schafft diese.

Die Erfahrung zeigt, dass Regierungen nach Möglichkeit gerne auf das Instrument der Erlassung von Verwaltungsakten zurückgreifen, um allgemein verbindliche Normen vorzugeben. Das Schicksal dieser Normen ist dann oft vorgezeichnet: Beschwerden werden erhoben und landen irgendwann bei den Höchstgerichten. Diese heben nur allzu gerne solche Rechtsakte auf, wenn dadurch wichtige Grundlagen der staatlichen Ordnung beeinträchtigt wurden. Allfällige Versuche von Behörden, dargestellte Maßnahmen des Nudging lediglich auf dem Wege von Verwaltungsakten zu erlassen, werden daher grundsätzlich dem Risiko der späteren Aufhebung ausgeliefert sein.

Dies gilt grundsätzlich auch für Einzelakte, die uns ein bestimmtes Verfahren vorschreiben oder, nach Verstoß gegen Verpflichtungen, uns bestrafen wollen. Unsere Rechtsordnung sieht hier ein breites Reservoir an Möglichkeiten der Berufungen, Einsprüche und Beschwerden vor. Zu denken ist etwa an Verfügungen wie Ausgehverbote. Diese können durch den gesamten Instanzenweg hindurch angefochten werden. Oder die Gerichte machen regen Gebrauch von den zuvor genannten Deliktsprüfungen (der Körperverletzung in Deutschland beziehungsweise der Gefährdung nach den § § 178 f StGB in

Österreich). Auch strafgerichtliche Entscheidungen bieten Rechtsschutzmöglichkeiten.

Ich gehe aber ohnedies nicht davon aus, dass staatliche Behörden umstandslos den Weg von Einzelentscheidungen wählen würden, um eine Impfpflicht durchzusetzen. Zu unberechenbar wäre das Ergebnis der Rechtmäßigkeitsprüfung durch die Instanzen, zu aufwendig die Aktenbearbeitung, zu negativ das Verhältnis Aufwand und Ertrag. Aus meiner Sicht würde man daher vornehmlich zur gesetzlichen oder generellen Regelung durch behördliche Vorgaben greifen. Gesetzliche Normsetzung wird, Exzesse ausgeschlossen, in der Regel zulässig sein, behördlicher Verwaltungsvollzug in diesem Bereich nur eingeschränkt.

Abschließend bleiben allerdings noch folgende Aspekte im Rahmen der Beurteilung der Verhältnismäßigkeit zu prüfen, die ebenso berücksichtigt werden müssen, um zu einem seriösen Ergebnis zu gelangen:

- Würden auch gelindere Maßnahmen als eine Pflichtimpfung ausreichen, um zum verfolgten Ziel – Eindämmung des Ausbreitungsgeschehens, Vermeidung von Krankheitsfolgen bis hin zur Todesfolge – zu kommen?
- Bestehen nicht immer Impfrisiken, die die zu impfende Person selbst gefährden?
- Wäre eine Impfpflicht nicht kontraproduktiv, würde diese nicht erst recht eine Impfbereitschaft boykottieren?

Bei Eingriffen in Grundrechte ist immer zu hinterfragen, ob nicht mildere Mittel denkbar sind, die den Eingriff vermeiden könnten, dennoch allerdings geeignet sind, den verfolgten Interessen zu dienen. Es wird daher auch im vorliegenden Zusammenhang argumentiert, der Staat müsse zunächst sinnvolle gelindere Mittel einsetzen – und erst nach deren Scheitern eine allfällige Impfpflicht andenken.[83]

So wird immer wieder diskutiert, es wäre zunächst eine grundlegende Informationskampagne der Bevölkerung einzuleiten. Weite Kreise derselben wären uninformiert, was aber nicht zwangsläufig auf deren Desinteresse zurückgeführt werden kann; es bestehe eine informationelle Bringschuld des Staates. Erst wenn sich, so lässt sich dieses Argument medizinethisch formulieren, die Möglichkeit für die Betroffenen etabliert hätte, einen eigenen *Informed Consent* bilden zu können, und dennoch eine Impfung abgelehnt werde, könnten verpflichtende Schritte andiskutiert werden.

Dieses Argument ist zweifellos richtig. Es überzeugt grundsätzlich, ist jedoch immer den konkreten Sachverhalt vor Augen zu hinterfragen. In welchem Stadium eines Infektionsgeschehens befinden wir uns, da wir über das Niveau der bereits erfolgten Informationsbereitstellung zu urteilen haben? Nun, aktuell ist uns das Phänomen Covid-19 schon mehr als ein Jahr bekannt. Dieses war in diesem Zeitraum mit wenigen Ausnahmen, die jedoch diesen Trend nicht richtungsweisend unterbrochen haben, medial und auch in persönlichen Gesprächen Thema Nummer eins. Gerade von den öffentlich-rechtlichen Rundfunkanstalten und seriösen Printmedien wurde monatelang über Gefahren der Ansteckung, mögliche Krankheitsverläufe und gesundheitliche, soziale und wirtschaftliche Konsequenzen dieser Pandemie berichtet. Es greift daher aus meiner Sicht zu kurz, an dieser Stelle nochmals eine umfangreiche Informationskampagne zu fordern. Jede/r, die/der mit offenen Augen und Ohren durch die Welt geht, hatte in den letzten Monaten Gelegenheit, kompetent über diesen Hintergrund informiert zu werden. Niemandem war es verboten, sich mit diesen Informationen auch auseinanderzusetzen.

Niemand war hingegen dazu verpflichtet, sein Wissen lediglich über gewisse Internetplattformen ohnedies zweifelhafter Provenienz oder von selbst ernannten Experten*innen zu beziehen. Mit Verlaub: Wenn man Influencer*innen auf den typischen Kanälen von der Weltverschwörung fabulieren hört, wir befänden uns in Zeiten des größten Fakes der Menschheitsgeschichte und dergleichen, sollte man sein Denkvermögen dringend aktivieren. Es ist schade, dass manchen diese Fähigkeit abhandengekommen zu sein scheint. Dennoch ändert dies nichts daran, dass der Staat über breit angelegte Kampagnen seiner Gesundheitsbehörden und über öffentlich-rechtlich

Medien seiner Pflicht zur objektiven kompetenten Information zumindest ausreichend nachgekommen ist.

Dieser Kandidat möglicher Umstände, der aus dem Titel der Verhältnismäßigkeit eine Pflicht zur Impfung beseitigen könnte, wird daher nicht mehr realistisch in Betracht kommen.

Umfangreiche Testpflichten wurden in den vergangenen Monaten verhängt. Auch diese sind zweifellos Eingriffe in Grundrechte. Es wird jedoch überwiegend die Meinung vertreten, diese wären zulässig. Wenn man dieses Testregime verschärft, so wird behauptet, wäre dadurch sichergestellt, dass das Infektionsgeschehen eingedämmt werden könnte: Es wäre dann nämlich ausgeschlossen, dass das Virus weitergetragen werden könnte, die Ausbreitung würde gestoppt.

Dies ist sicherlich ein hehrer Wunsch, vielleicht auch ein frommer. Lässt sich diese Annahme jedoch tatsächlich halten? Ich fürchte, das ist nicht der Fall. Testungen bringen ein Ergebnis für den Augenblick. Die Infektion einer ungeimpften Person kann tatsächlich schon einen Wimpernschlag danach erfolgen, eventuell sogar beim Verlassen der Teststraße. Zudem sind Testungen, was deren Verlässlichkeit betrifft, auch nicht über allen Zweifel erhaben. Es kann durchaus sein, dass ein Test ein negatives Ergebnis auswirft, die Person jedoch schon tatsächlich infiziert – und infektiös – ist.

Dies vor Augen, kann selbst ein noch so strenges Testregime bei Weitem keine Gewähr für eine Eindämmung des Infektionsgeschehens bieten, wie dies eine hohe Durchimpfungsrate tun würde.

Als weitere gelindere Maßnahme wird gerne vorgeschlagen, der Staat solle die Menschen durch sanften Druck dazu bringen, sich freiwillig impfen zu lassen. Dieses Thema haben wir bereits eingehend im Zusammenhang mit Nudging auf den vorangegangenen Seiten erörtert. Irgendwann wird aber auch hier das sprichwörtliche Ende der Fahnenstange erreicht sein – und das Infektionsgeschehen droht, wieder unkontrolliert um sich zu greifen. Auch solche Maßnahmen können daher nur vorläufig wirken.

Der Staat solle selbst als gutes Vorbild dienen und etwa

seine eigenen Bediensteten impfen lassen. Dies, so die These, würde zu einer Steigerung der Impfbereitschaft anderer Personen führen. Ich denke, dieses Argument beeinträchtigt die eigene Schlagkraft durch einen inneren Widerspruch. Mit diesem wird nämlich die Problematik einer Impfpflicht in seiner Essenz der generellen Fragestellung vorgelagert: Wie soll man verfahren, wenn sich Staatsbedienstete eben nicht freiwillig impfen lassen wollen? Diese dazu verpflichten? Mit welchem Zwang? Wir sehen: Um ein derartiges Vorbild zu schaffen, wäre letztlich wiederum Zwang erforderlich. Man könnte zwar darüber diskutieren, ob Staatsbedienstete aufgrund des übertragenen und akzeptierten öffentlichen Auftrags nicht eher dazu verpflichtet sein könnten, dem nachzukommen. Eine derartige Pflichtimpfung könnte daher verhältnismäßiger sein als eine solche geschoren über den gesamten Kamm der Bevölkerung. Diese Erörterung möchte ich jedoch hier nicht anstellen, da sie uns letztlich in der Sache nicht weiterbringt.

Die Frage nach den generellen Risiken einer Impfung beschäftigt die Menschheit seit Jahrhunderten. Tatsächlich ist keine Impfung risikofrei. Gerade solche, die durch Injektion unter die Haut unmittelbar und unverdünnt in den Körper gelangen, sollen ja Präparate einbringen, die ihre Wirkung entfalten sollen. Dadurch kann es natürlich auch grundsätzlich dazu kommen, dass Keime oder sonstige Fremdkörper in den Organismus gelangen und dort nachteilige Wirkungen hervorrufen.

Eine gute Übersicht über Erkrankungen, die eindeutig auf Impfvorgänge zurückgeführt werden können, bietet das Robert Koch-Institut auf seiner Internetseite.[84] Darunter finden sich Problematiken, die mit Sicherheit als schwerwiegend und teilweise lebensbedrohlich qualifiziert werden müssen, etwa schwerste allergische Reaktionen, die zum Tod führen können.

Es ist vernünftig, sich in jedem Fall einer Impfung nicht nur mit den Risiken, sondern auch mit den Vorteilen einer solchen auseinanderzusetzen und beide Waagschalen gegeneinander abzuwägen. Im Falle von Covid-19 bietet sich folgendes Bild: Die Krankheit selbst ist hoch infektiös, ihrer grundlegenden

Eignung nach lebensgefährlich, und hat tatsächlich weltweit schon Millionen Todesopfer gefordert. Das Virus, um es nochmals zu wiederholen, ist nicht nur für die infizierte Person selbst gefahrvoll, sondern vor allem darüber hinaus für die Gesamtbevölkerung, so besonders für gefährdete Personengruppen. Menschen mit einem geschwächten Immunsystem haben das vielfach erhöhte Risiko, einen schweren Krankheitsverlauf auszubilden oder daran zu sterben. Diese können sich oft selbst nicht zumutbar impfen lassen, da entweder Impfstoffe noch gar nicht für ihre Gruppe zugelassen sind (was etwa auch für Kinder gilt) oder aufgrund der geschwächten Konstitution reale Impfrisiken bestehen.

Bekommt man nun die Impfung, bestehen allgemeine Risiken einer Impfreaktion, die in Extremfällen lebensbedrohlich sein können. Manche Impfstoffe scheinen auch das Risiko gewisser Thrombosen massiv zu erhöhen, was als lebensgefährliche Komplikation zu beurteilen sein würde. Dennoch sind letztere Wahrscheinlichkeiten im Bereich des Auftretens einiger weniger Promille zu verorten. Mögliche Spätschäden einer solchen Impfung sind derzeit nicht bekannt und mangels Evidenz und ausreichendem Beobachtungszeitraum nicht abschätzbar, werden jedoch von der Fachwelt als höchst unwahrscheinlich eingeschätzt.

Diese Interessenabwägung wird daher, wenn man einen objektiven Maßstab anlegt und gerade das öffentliche Wohl nicht gänzlich ausblendet, sondern zumindest gleichberechtigt der individuellen Entscheidungsmöglichkeit gegenüberstellt, eindeutig zugunsten der Impfung ausfallen. Es empfiehlt sich bei komplexen Fragestellungen immer, sich die kontrafaktische Situation vorzustellen: Was würde geschehen, wenn keine durchgehende Impfung vorgenommen werden kann? Darauf können wir mit der zuvor dargestellten Studie der Hochschule Mittweida antworten. Das Infektionsgeschehen würde (abermals) explodieren, Tausende weitere Todesopfer wären die Konsequenz. Andere Maßnahmen wie harter Lockdown, Schulschließungen oder strenge Maskenpflicht wären demgegenüber entweder unverhältnismäßig oder nicht geeignet, eine relevante Eindämmungswirkung zu zeigen. Solche Freiheitsbeschränkungen nämlich wären nur auf die Nachlässigkeit oder die bewusste Verweigerungshaltung anderer Personen zurückzuführen, die sich nicht impfen lassen. Geimpfte Personen auch weiterhin in ihren Rechten durch etwa eine Maskenpflicht in Innenräumen zu beschneiden, greift massiv in deren Freiheitsinteresse – und noch dazu einer überwiegenden Bevölkerungsmehrheit, die sich sozialadäquat verantwortungsvoll verhält – ein.

Theoretische und tatsächliche Impfrisiken sind daher aus meiner Sicht nicht geeignet, eine generelle Impfpflicht als unverhältnismäßig auszuschließen.

Von gänzlich anderem faktischem Kaliber sind allerdings Bedenken in die Richtung, eine Verpflichtung könne wie jeder auf Menschen ausgeübte Zwang Reaktionen hervorrufen, die nicht nur nicht gewünscht sind, sondern erst recht den verfolgten Zweck unterminieren. Wir haben nämlich in den vergangenen Monaten gesehen, welche Energie individuell darauf verwendet werden kann, behördliche Vorschriften zu unterlaufen. Die Verpflichtung zum Tragen von Schutzmasken wurde teilweise bewusst boykottiert und gar keine solche verwendet, teilweise bloß am Kinn, oftmals unter der Nase getragen. Von einem großen österreichischen Landesgericht wurde der Fall eines Rechtsanwaltskollegen kolportiert, der zur Verhandlung offenbar provokativ mit einem Netztanga im Gesicht erschienen sein soll! Das gleiche gilt leider für verhängte Kontaktverbote: „Corona-Partys“ waren Gegenstand der täglichen medialen Berichterstattung.

Ich denke, dies sollte uns nicht daran hindern, auch weiterhin von einer Geltungspflicht rechtlicher Vorgaben auszugehen. Rechtsnormen wurden schon immer missachtet und werden dies auch zukünftig werden. Hier allerdings die Hände in den Schoß zu legen und achselzuckend zu meinen, das sei „halt eben so“, kann nicht zufrieden stellen. Wozu dann bitte Normen, wenn man ohnedies in Kauf nimmt, diese würden nicht eingehalten? Dadurch würde der Normencharakter jegliche Wirkkraft verlieren, das Rechtssystem selbst erodieren und schließlich die Funktion des Rechts als Ordnung menschlichen Zusammenlebens regelrecht der Lächerlichkeit preisgegeben.

Deswegen denke ich auch, die gut gemeinten Vorschläge, der Staat sollte allenfalls ein *lex imperfecta* erlassen, eine Vorschrift ohne Strafnorm, wären tatsächlich kontraproduktiv. In diesem Fall würde eine Verpflichtung zur Impfung vorgegeben, der Verstoß dagegen wäre jedoch sanktionslos. Dies wäre nicht nur zahnlos, sondern würde die Gestaltungskraft des Rechts gerade in diesem höchst sensiblen Bereich ihres Fundaments berauben. Ich habe noch gut in Erinnerung, als an meiner Universität während des Studiums der Rechtswissenschaften ein Rauchverbot verhängt wurde. In öffentlichen Gebäuden durfte nicht mehr geraucht werden, worauf durch allerlei Hinweisschilder aufmerksam gemacht wurde. Interessiert hat dies niemanden, im Gegenteil: Dies wurde erst recht als Ansporn empfunden, vor solchen Kundmachungen zu rauchen!

Viel eher stellt sich für mich die Frage, wie rechtliche Vorgaben durchgesetzt werden sollten. Diese ist allerdings genau Thema des vorliegenden Fragenkomplexes, den wir dabei sind durchzugehen. Natürlich kann eine Variante sinnvoller sein als die andere. Staatliche Stellen sind gut beraten, dies im Hinterkopf zu behalten und bei Normsetzung zu berücksichtigen. Ein generelles Ausschlusskriterium sollten solche Überlegungen jedoch nicht sein.

Ähnlich auch die Befürchtung, eine Impfpflicht könnte das Vertrauensverhältnis der Bevölkerung zu Ärzt*inn*en und staatlichen Behörden beeinträchtigen, ja zu massivem Widerstand von Teilen der Bevölkerung führen.[85] Es mag schon sein – wie wir täglich sehen –, dass eine generelle Impfskepsis besteht, der durchaus erhebliche Widerspenstigkeit folgt. Es sind aber auch nicht alle mit staatlichen Regelungvorgaben einverstanden, wie alltägliche Verletzungen zeigen. Beispiel Führerschein: Wer ein Kraftfahrzeug lenken will, braucht einen solchen. Dieses Erfordernis schränkt die persönlichen Freiheitsrechte ein. Ausbildung und Fahrprüfung kosten gutes Geld. Wir als Rechtsgemeinschaft sind allerdings überwiegend damit einverstanden, dass durch diese vergleichsweise kleine Einschränkung persönlicher Freiheiten das Allgemeininteresse geschützt wird. Auch hier ist eine Interessenabwägung vorzunehmen, nämlich zwischen Rechten der Einzelperson und Interessen der Allgemeinheit. Das Interesse, nicht von jemandem mit seinem tonnenschweren Fahrzeug nieder gestoßen zu werden, der dieses nicht beherrscht, rechtfertigt die finanzielle Belastung, die Lenker*inne*n auferlegt wird. Es wird daher allgemein akzeptiert, dass man für Übertretungen dieses Normengerüsts durch Geldstrafen oder noch schwerere Beschränkungen, etwa langjährige Fahrverbote, zur Sanktion gezogen wird. Das gleiche gilt im Prinzip nach für die vorliegende Frage.

Natürlich ist die Einwendung zu erwarten, hier würden Äpfel mit Birnen verglichen. Das eine sei eine Lässlichkeit, ein unbedeutender alltäglicher Fehltritt, das andere jedoch von größter individueller Bedeutung. Das mag schon sein. Prinzipiell jedoch darf es nicht auf den ausschließlich subjektiven Horizont der betroffenen Person ankommen, wenn man danach fragt, ob von dieser rechtliche Vorschriften einzuhalten sind oder nicht. Das Gesetz nämlich behandelt alle Personen grundsätzlich gleich, ob darin Einsicht besteht oder nicht. Jede/r hat das gute Recht, behördliche oder gerichtliche Entscheidungen zu seinen Lasten überprüfen zu lassen. Dieses Recht werden wir uns auch nicht nehmen lassen, und das ist gut so.

Solange allerdings Vorschriften gelten, müssen diese auch befolgt werden, um nicht in Anarchie abzudriften – in welcher erst recht das Recht des Stärkeren gelten würde und die Schwachen auf der Strecke bleiben.

Auch Ärztinnen bzw. Ärzte befolgen Gesetze. Warum soll das gesellschaftliche Vertrauen in diese leiden, wenn sie Impfungen im gesetzlichen Auftrag vornehmen? Dieser Einwand ist mir nicht verständlich.

Die genannten Bedenken werden daher nicht ausreichen, um eine angedachte Pflicht zur Impfung gegen Covid-19 grundsätzlich auszuschließen.

b. Direkte Normierung unter Sanktionsandrohung

Der Unterschied zur soeben präsentierten Variante liegt darin, dass Letztere den Umweg von Vorgaben wählt, die nur mittelbar auf den Impferfolg abzielen – dieser wird als beabsichtigte Folge gerne in Kauf genommen, ist jedoch in der Regelung selbst nicht ausdrücklich als solcher benannt. Wird jedoch eine klare Impfpflicht verfügt und mit Sanktionen abgesichert, steht dies auf einem anderen Blatt. Eine gesetzliche Regelung könnte beispielsweise lauten:

„b. Wer gegen die in lit. a genannte Verpflichtung [Anmerkung: verfügte Impfpflicht] erstmals verstößt, ist mit sanitätspolizeilicher Verfügung nochmals unter Setzung einer Frist von 14 Tagen zur Durchführung der Impfung aufzufordern. Der Nachweis der erfolgten Impfung ist der Sanitätsbehörde innerhalb der genannten Frist vorzulegen. In Ansehung von Impfstoffen, die zur Vollimmunisierung einer Dosis bedürfen, reicht der Nachweis der Verabreichung einer solchen. In Fällen von Impfstoffen jedoch, zu deren vollen Wirksamkeit zwei oder mehr Teilimpfungen notwendig sind, ist der geforderte Nachweis nur dann als vollständig erbracht anzusehen, wenn er die vollzogene erste Teilimpfung umfasst. In solchen Fällen ist innerhalb der genannten Frist zusätzlich nachzuweisen, dass weitere bis zur Vollimmunisierung erforderliche Teilimpfungen innerhalb der von den Gesundheitsbehörden verlautbarten jeweils gültigen Intervalle vereinbart wurden. Diese weiteren Teilimpfungen sind innerhalb dieser zuletzt genannten Intervalle vorzunehmen und jeweils binnen dreier Tage ab Erhalt der Gesundheitsbehörde nachzuweisen. Für Fälle, in denen der Betroffene im Falle einer durch mehrfache Impfvorgänge zu erreichenden Vollimmunisierung zum Zeitpunkt der Zustellung der in Satz 1 dieses Absatzes genannten Verfügung bereits die erste Teildosis erhalten hat, gilt diese Vorgehensweise mit der Maßgabe, dass innerhalb der gesetzten Frist von 14 Tagen der oder die weitere(n) Teilimpfungen der Gesundheitsbehörde nachgewiesen werden müssen.

c. Wer gegen die in lit. b genannten Verpflichtungen verstößt, ist mit Freiheitsstrafe bis zu […] Monaten oder mit Geldstrafe bis zu […] Tagessätzen zu bestrafen.“

Ich denke, wir werden uns einig sein: Eine derartige Vorschrift hat einen ganz anderen Charakter als ein sanftes oder nachdrücklicheres Stoßen über Umwege. Natürlich stellt dieser Entwurf nur einen Vorschlag dar – wohl gemerkt keinen, dessen unmittelbare Umsetzung ich mir wünschen würde. Er soll uns nur als Gedankenstütze dienen, um eine mögliche Regelungsvariante vor Augen zu haben. Es wird unzählige andere Möglichkeiten geben, um eine Impfpflicht gesetzlich zu verankern. Ich denke jedoch, dass zumindest solche, die das Strafrecht vorsähe, ähnlich lauten dürften.

Wären nicht auch andere Wege denkbar, eine Pflichtimpfung gegen Covid-19 und seine Varianten zu normieren, muss dies gleich mit dem scharfen Schwert des Strafrechts geschehen? Natürlich. Im Zuge der – rechtstechnisch gesprochen – polizeirechtlichen Vorschriften wäre dies problemlos möglich. Man könnte Strafzahlungen bei Zuwiderhandlung verhängen, wie dies in Deutschland als Sanktion gegen Ordnungswidrigkeiten und in Österreich als Verwaltungsstrafen tagtäglich in verschiedensten Rechtsgebieten auch geschieht. Die Entscheidung, welchen Weg man wählt, liegt beim Gesetzgeber.

Denkbar wäre auch, ohne Strafsanktion und demnach außerhalb des strafgerichtlichen Systems im Bereich des sogenannten Zivilrechts Verpflichtungen zu implementieren, die die Impfung verlangen. In solchen Fällen könnte das widerspenstige Individuum letztlich durch Maßnahmen des Vollzugs richterlicher Entscheidungen etwa durch Zwangsstrafen oder in Extremfällen auch aus Beugehaft dazu gezwungen werden, die Impfung doch noch zu vollziehen. Ein solcher Weg wäre jedoch höchst riskant, da hier rechtliche Unwägbarkeiten (vor allem schon der grundsätzlichen Eignung dieser Variante zur Regelung menschlichen Verhaltens) bestehen und das Risiko einer erfolgreichen Anfechtung deutlich erhöhen.

Wären nun Regelungen, wie ich diese zuvor vorgeschlagen habe, als grundsätzlich verhältnismäßig anzusehen? Hier gilt zunächst dasselbe, was ich zuvor im Zusammenhang mit Nudging dargestellt habe. Der Gesetzgeber müsste wohl auf die Schaffung klarer gesetzlicher Bestimmungen zurückgreifen – und nicht etwa die Verwaltungsbehörde auf schwammiger Basis tönerne Vorgaben erlassen, die eine Anfechtung durch die Instanzen mit hoher Wahrscheinlichkeit wegschwemmen würde.

Gesetzliche Normen wären dann verhältnismäßig, wenn Zweck und Mittel nicht außer Verhältnis zueinander stünden. Der Zweck des allgemeinen Gesundheitsschutzes wird das Mittel des Eingriffs in die körperliche Unversehrtheit dann überwiegen können, wenn die Beeinträchtigung notwendig ist, um Gefahren für einen größeren Personenkreis einzudämmen. In solchen Fällen stünden folgende Rechtsgüter zur Disposition: Hier die körperliche Integrität der (sich dagegen sträubenden) Person, die durch Injektion und Verabreichung des Impfstoffs zweifellos beeinträchtigt werden würde. Dort das allgemeine Wohl, das dann Gefahr zu nehmen droht, wenn eine nur geringe Impfbereitschaft besteht und ansonsten Herdenimmunität erreicht werden könnte, die eine weitere Zirkulation des Virus eindämmt und dadurch das Risiko der Ausbildung von Mutationen beschränkt.

Für eine solche Verhältnissetzung ist auch von Bedeutung, die Parameter angemessen aufzufüllen. Diejenige Seite der Waage, die die beeinträchtigte der körperlichen Integrität überwiegen will, muss auch darlegen, dass empirische Daten vorliegen oder zumindest eine schlüssige Erfolgswahrscheinlichkeit, um tatsächlich diese Annahme stützen können. Die grundlegende Aussage nämlich lautet: Die Impfung kann den gewünschten Erfolg bringen. Sollte sich nämlich herausstellen oder plausibel angenommen werden können, dass eine konkrete Impfung einer bestimmten Person oder noch darüber hinaus solche eines gewissen Personenkreises ohnedies keine Änderung in der Ausbreitung des Virus oder der Gefährdung durch diesen erreichen sollte, könnten Zwangsmaßnahmen niemals verhältnismäßig sein. Mit anderen Worten: Bleibt es letztlich egal, ob sich Personen impfen lassen oder nicht, da das Virus ohnedies seine Bahnen zieht, ist Zwang unzulässig. Um es ganz klar zu sagen: Auch gesetzlicher oder behördlicher Zwang ist und bleibt Zwang. Gewalt etwa durch Polizeibeamt*inn*en bleibt Gewalt. Sie ist nur dann gerechtfertigt, wenn sie einen Widerstand einer Person auf Basis der gesetzlichen Grundlage überwinden will.

Hier sind wir Jurist*inn*en wie ebenso gesetzgebende und vollziehende Organe auf die Erkenntnisse der wissenschaftlichen Fachdisziplinen angewiesen. Diejenigen der Virologie und Infektiologie müssen daher wissenschaftlich redlich mitteilen, wie sich die Situation tatsächlich darstellt und entwickeln könnte. Ein Blick in die Zukunft wird diesen Spezialist*inn*en natürlich abverlangt. Wie wir wissen, Karl Valentin sei Dank, sind Prognosen über die Zukunft dann besonders schwierig, wenn sie die Zukunft betreffen.

Die Wissenschaft verfügt einerseits über Erkenntnisse, die aus der Empirie, das heißt aus erhobenen Daten, gewonnen werden. Diese erlauben bereits vorhandene Geschehnisse zu interpretieren und bestehen daher in einem Blick in die Vergangenheit. Prognosen des absehbaren Verlaufs jedoch sind eine andere Kategorie. Es mag zwar Erfahrungswerte geben – aus diesen Entwicklungen zu prognostizieren, ist jedoch immer mit dem Makel einer gewissen Unschärfe behaftet. Die Wissenschaft erstellt zu diesem Zweck Modelle, die eine sich entwickelnde Wirklichkeit darstellen sollen.

Und hier gilt das, was allgemein als wissenschaftliche Redlichkeit vorausgesetzt wird: Wir sind tatsächlich darauf angewiesen, dass die diesbezüglichen Forscher*innen diese Modelle nach bestem Wissen und Gewissen gestalten. Es gibt nämlich keinen klaren eindeutigen Weg, welche Annahmen diesen zugrunde zu legen sind. In aller Regel erfolgen diese auf Basis eines gewissen Erfahrungswissens. Andere Ansichten sind jedoch möglich und finden Einfluss in die Modellgestaltung. Ein Modell kann daher von anderen auch bei Vorliegen gleicher Ausgangsbedingungen abweichen.

So allerdings und nicht anders funktioniert Wissenschaft. Wissenschaft ist nicht Zauberei, geschweige denn Hellsicht. Auch Spezialist*inn*en in ihrem jeweiligen Gebiet verfügen über keine Glaskugel, die sie mit Gewissheit die Zukunft vorhersagen lässt. Unerwartete Entwicklungen werden immer dazu führen müssen, das Modell anzupassen und im Extremfall auch als unrichtig zu verwerfen. Dies gilt aber auch im Leben: Selten lässt es sich tatsächlich so leben, wie man es vor vielleicht 25 Jahren geplant hat. Wichtig ist es, flexibel zu bleiben, sein eigenes Mindset an geänderte Herausforderungen anzupassen und nach eigenen Grundsätzen zu leben; Aristoteles' Tugendethik, die wir im nächsten Kapitel beleuchten werden, lässt grüßen.

Die Wissenschaft ist sich überwiegend einig: Die Eindämmung des pandemischen Geschehens lässt sich durch eine hohe Impfquote von jenseits der neunzig Prozent jedenfalls mit hoher Wahrscheinlichkeit bewerkstelligen. Vollständig durch Impfung immunisierte Personen können nur mehr zu einem geringen Prozentsatz selbst Träger*in des Virus sein und andere infizieren. Die Etablierung immer neuer Varianten wird dadurch massiv eingedämmt. Die Ausbreitung von Infektionswellen kann dadurch im besten Falle gestoppt, ansonsten zumindest erheblich eingeschränkt werden. Dies kann die menschliche Gesundheit und menschliches Leben schützen und ist geeignet, ansonsten drohende Todesopfer zu vermeiden.

Mein Fazit daher zur Absicherung einer Impfpflicht gegen Covid-19 durch Sanktionen: Dies ist rechtlich grundsätzlich zulässig, wenn die Ausgestaltung durch Gesetz, in Deutschland etwa das bereits geschaffene Infektionsschutzgesetz und in Österreich durch Erweiterung des Epidemiegesetzes, erfolgt. Immer ist jedoch auf das Gebot der Verhältnismäßigkeit zu achten.

c. Der letzte Ausweg: Vollstreckung durch Zwangsimpfung?

Die mit Sicherheit drastischste Lösung, um jeglichen Impfzwang durchzusetzen, ist tatsächlich der Einsatz körperlicher Gewalt. Man kann sich das bildlich folgendermaßen vorstellen: Die widerspenstige Person, deren Widerstand überwunden werden soll, wird durch Gurte auf einem Stuhl fixiert, durch starke Männerhände festgehalten oder medikamentös betäubt – ist die allfällige Gegenwehr gebrochen, folgt der vorgesehene Impfstich.

Zu drastisch, diese Darstellung, ins Negative übertrieben? Ich denke nicht. Der ausgewogene Blick gebietet es, diese Variante als das zu betrachten, was sie ist: die Überwindung eines anderslautenden individuellen Willens.

Es darf daher kein Zweifel daran bestehen, dass hier äußerste staatliche Zwangsmittel zum Einsatz kommen, um den tatsächlichen Impfvorgang zu vollziehen. Es wäre an dieser Stelle naiv, sich mit dem Hinweis darauf zu bescheiden, geltende Regeln müssten eben auch gegen anderslautende Vorstellungen durchgesetzt werden. Natürlich, so muss die Antwort auf diesen Einwand lauten. Dennoch allerdings müssen gerade Zwangsmaßnahmen immer das Gebot der Verhältnismäßigkeit beachten. Umso mehr gilt dies für körperlichen Zwang.

Körperlicher Zwang sind nämlich alle der dargestellten Verhaltensweisen: Das Festbinden an einem Stuhl, die händische Fixierung in einer bestimmten Lage sind dies sicherlich, daran wird kein Zweifel bestehen. Manche werden vielleicht einwerfen, eine medikamentöse Sedierung sei dies aber nicht. Eine solche wäre ja eine medizinische Standardprozedur, millionenfach erprobt und weitgehend risikofrei. Rein aus medizinischer Sicht mag dies stimmen – es ändert jedoch nichts daran, dass die Überwindung eines individuellen Widerstands durch Ausschaltung einer faktischen Widerstandsmöglichkeit durch das Individuum infolge Betäubung eine höhere Form vom Zwang darstellt. Diese wird wohl zugestandener Weise weniger brutal für uns wirken als massiver Kräfteeinsatz; aus der Perspektive des Gesetzes jedoch besteht kein substanzieller, sondern nur ein gradueller Unterschied.

Die in dieser Variante thematisierte Extremform von Zwang muss daher absolut letztes Mittel bleiben, zu dem der Staat greifen kann, wenn alle anderen Möglichkeiten erfolglos ausgeschöpft wurden. Auch muss die Gefährdungslage dringlich sein, ja tatsächlich Gefahr in Verzug bestehen. Die Gesundheitskrise müsste sich daher dramatisch zuspitzen und völlig außer Kontrolle geraten sein.

Ich muss wiederholen: Sowohl rechtlich als auch medizinisch sind Impfungen durch Injektion ganz eindeutig als Eingriff in die körperliche Integrität zu sehen. Die Überwindung dieser Schranke erfolgt im vorliegenden Fall noch dazu durch körperliche Übermacht oder Ausschaltung einer gegenwärtigen Handlungsfähigkeit – die/der Betroffene ist dann tatsächlich wehrlos. Das muss uns interessieren, auch wenn mancher einwerfen wird, dies sei als Folge der vorangehenden Verweigerungshaltung hinzunehmen.

Versuchen wir einmal, die Situation aus Sicht der betroffenen Person zu sehen: Diese ist sich aller Wahrscheinlichkeit nach sicher, Moral und Recht auf ihrer Seite zu haben. Wenn alles mit rechten Dingen zugehen würde, warum müsste der Staat dann Zwang einsetzen, mag sie sich fragen. Es ist schon richtig, erwidert das Recht, Recht und Gesetz kümmert es grundsätzlich nicht, aus welchen Gründen sich eine Person nicht an Vorschriften hält. Gerade im Strafrecht gibt es aber eine wichtige Grundlage, die in Deutschland als Schuldfähigkeit und in Österreich als Zurechnungsfähigkeit bekannt ist: Menschen, die das Unrecht einer begangenen Tat nicht einsehen können, weil sie beispielsweise an einer geistigen Krankheit oder sonstigen vergleichbaren Störung leiden, die eine derartige Ansicht zu bilden hindert, können nur sehr eingeschränkt für Fehlverhalten sanktioniert werden. Dies gilt zwar nicht unmittelbar umgelegt für die Beachtung von Verhaltensvorschriften. Auch nicht schuldfähige beziehungsweise nicht zurechnungsfähige Personen müssen die Gesetze beachten. Der Gesetzgeber hat jedoch zumindest insoweit Nachsicht, als er nicht mit dem archaischen Knüppel der Strafe droht.

Eine solche Zwangsbehandlung könnte als Strafe missverstanden werden. Auch dies ist ein Risiko, das der Gesetzgeber grundsätzlich in Kauf nimmt. Wer, mit dem Entzug des Führerscheins nach einer Schnellfahrt belegt, würde dies nicht als Strafe sehen (obwohl dies nach dem Gesetzeszweck nicht einmal vorwiegende Absicht ist)? Wenn die Schaffung von Märtyrer*inne*n und Verschwörungsmythen im Zusammenhang mit einer Impfpflicht tatsächlich droht, dann sicherlich auf Basis solcher Bilder. Man kann sich ganz bildhaft vorstellen: „Gesunder und aufrechter Impfskeptiker festgenommen und zwangsbehandelt!" Die geschichtsvergessenen unsäglichen gelben Aufnäher, die bei einschlägigen Demonstrationen mit der Aufschrift „Ungeimpft!" getragen wurden, würden dadurch in ihrer möglichen Mobilisierungskraft noch übertroffen werden.

Noch viel entscheidender ist aus meiner Sicht allerdings ein Gedanke, der vom liberalen Urgestein John Stuart Mill, der uns gleich im Anschluss begegnen wird, stammt: Welches Prinzip garantiert uns, dass wir die richtige Meinung vertreten und nicht die anderslautende richtig sein könnte? Im modernen Rechtsstaat sozialisiert, werden wir antworten: Das Gesetz. Dieses beruht auf einer Mehrheitsentscheidung gewählter Organe und ist ordnungsgemäß zustande gekommen. Ein Machtmissbrauch liegt nicht vor. Bestehende Gesetze müssen durchgesetzt werden. Aber, so wiederum die Gegenposition: Was ist, wenn wir in einigen Jahren wissen, dass die Verweigerung vernünftig oder sogar gerechtfertigt war? Wir werden auf bestehende Normen und den Rechtsfrieden verweisen. Nach allem was wir derzeit wissen, ist eine Impfung sicher und aus den dargestellten Gründen notwendig.

Kann diese Antwort aber überzeugend einen körperlichen Zwang, einen denkbar schwerwiegenden Eingriff in körperliche Unversehrtheit und Freiheit des Willens rechtfertigen? Ich bin skeptisch, hier könnte der Grundsatz der Verhältnismäßigkeit verletzt zu werden drohen. Ich ersuche aber auch um Verständnis: Eine abschließende oder erst recht endgültige Antwort kann ich an dieser Stelle nicht geben. Gerade die Frage, ob alle anderen vernünftig denkbaren Alternativen im Vorfeld ausgeschöpft wurden, kann nur die Kenntnis der weiteren Entwicklung beantworten helfen.

Abschließend will ich daher meinen rechtlichen Zugang zusammenfassen:

- Covid-19 kommt grundsätzlich als mögliche Rechtfertigung für einen Eingriff in die körperliche Unversehrtheit einer die Impfung verweigernden Person infrage.
- Ein solcher Eingriff ist dann verhältnismäßig, wenn zuvor alle in Betracht kommenden gelinderen Mittel ausgeschöpft wurden, so vor allem
  - eine umfassende Informationskampagne der Bevölkerung stattgefunden hat, um dem Individuum einen Informed Consent zu ermöglichen,
  - zunächst Maßnahmen des sanften Drucks in Form eines Nudging oder eines stärkeren durch „Umwegnachteile" eingeleitet wurden und
  - Geldstrafen und erst recht Haftstrafen erst dann vollstreckt werden, wenn die betroffene Person nachhaltig die Impfung verweigert.
- Eine zwangsweise Durchführung des Impfvorganges ist nur in Extremfällen als letztes mögliches Mittel zu rechtfertigen.

Die Ebene der Moral: Soll ich mich impfen lassen?

Allgemeines

Ethik ist die Wissenschaft von der Moral. Sie behandelt das richtige, in der Gesellschaft angemessene Verhalten. Die Bezeichnung geht auf griechische Wurzeln zurück: Gewohnheit, Gewöhnung, würde man den Zentralbegriff des „ethos“ in die deutsche Sprache übersetzen. Der Inhalt wird deutlich, wenn man Aristoteles‘ der den Begriff vor rund 2500 Jahren geprägt hat, Ausführung betrachtet: Ethos ist das, was wir verinnerlicht haben. Was sich in uns durch jahrelange Übung herausgebildet hat, was uns zur inneren Gewohnheit, zum Habitus geworden ist.

Ethik, die das Ethos beurteilen will, hat sich daher der Beurteilung menschlichen Verhaltens verschrieben. Wir benützen in diesem Zusammenhang seit jeher die Begriffe von Gut und Böse. Gut ist ein Verhalten, wenn es einem bestimmten Zweck dient; böse, wenn es schadet.

Worin liegt nun aber das Gute? Wir müssen diesen unbestimmten Begriff mit Inhalt auffüllen, sonst rutschen wir auf die technizistische Ebene ab. Ein beredtes Beispiel für Letzteres liefert unsere Wirtschaftswelt: Befürworter*innen eines völlig ungezügelten Marktes verweisen auch heute noch immer auf Adam Smith (1723–1790), der vor mehr als 200 Jahren von der „unsichtbaren Hand des Marktes“ gesprochen hatte. Die Idee lautet: Der Markt regelt sich selbst, wenn man ihn nur arbeiten lässt. Übersehen wird dabei immer, dass dieser britische Moralphilosoph, der nebenbei den Grundstein für die Vorstellung einer modernen Marktwirtschaft legen sollte, ausdrücklich davon ausgegangen ist, der Markt müsse natürlich auch reguliert werden.

Wer einsichtig ist, wird das auch sofort erkennen. So gibt es jederzeit Beispiele von Marktversagen. Der Markt kann sich eben nicht selbst regulieren. Beispiel: Monopolstellungen, zuletzt etwa im Bereich Internet. Google dominiert hier den Suchmaschinenmarkt, Konkurrenten verfügen wenn überhaupt über nur wenige Prozentpunkte an diesem. Die Folge: Google gibt die Preise für Internetwerbung vor. Google verfügt über die denkbar umfangreichste Information seiner Nutzer*innen und verwendet diese für personalisierte Werbemaßnahmen. Konkurrenten haben in diesem verzerrten Markt nicht die geringste Chance – außer man reguliert ihn und trägt Google auf, seine Informationen zu teilen. Bestrebungen in diese Richtung gibt es, allerdings bislang reichlich erfolglos.

Der Markt als solcher ist tatsächlich nur ein Mechanismus, der mit den Zuweisungen *gut* und *böse* wenig anfangen kann. Besser passen Beurteilungsmaßstäbe der Effizienz, der Effektivität, der Rentabilität. *Gut* in diesem Sinne ist ein Markt, der ohne Reibungsverluste funktioniert und ein maximales Ergebnis beschert. Ob dadurch unsere Lebensgrundlage zerstört wird, die Umwelt vergiftet, die uns allen zur Verfügung stehenden Gemeingüter, die *commons*, von einzelnen staatlichen oder unternehmerischen Akteur*inn*en ausgebeutet werden, zählt für ihn nicht. Daran können auch ehrenhafte, aber letztlich blauäugige Versuche, Phänomene wie ein Vertragsrecht künftiger Generationen zu konstruieren, nichts ändern. Auch diese sind an die Marktlogik gebunden, in der nur zählt, was bewertet und verwertet werden kann.

Die Ethik blickt über einen solch eindimensionalen Tellerrand hinaus. Sie fragt nach dem Wert eines menschlichen Verhaltens. Welche Handlungen sind als solche gut, welche böse?

Hier haben sich im Laufe der Jahrtausende in Europa im Wesentlichen drei Strömungen herausgebildet, die unsere Herangehensweise bestimmen. Alle beurteilen nach den Maßstäben des Guten und Bösen, es werden jedoch unterschiedliche Akzente gesetzt; teilweise argumentiert man auch auf unterschiedlichen Ebenen. Während die eine Variante die Schaffung charakterlicher Voraussetzungen anspricht, die ein gutes Handeln erst ermöglichen, bindet die andere die menschliche Entscheidungsfähigkeit an höhere Prinzipien. Die dritte Alternative schließlich blickt rein auf die Folgen menschlichen Tuns und blendet den Weg dorthin weitgehend aus.

Ich will in diesem Kapitel zunächst einen groben Überblick über diese maßgeblichen Ethikmodelle bieten. Auf Basis dieser Überlegungen werde ich diskutieren, wie sich diese Gedanken auf die aktuelle Pandemie und unseren Umgang damit anwenden lassen. Mir ist es ein Anliegen, dass jede/r diesen Begründungsvorgang nachvollziehen kann. Gerade dann, wenn das eigene Leben so massiv betroffen ist, wie dies derzeit durch Covid-19 der Fall ist, sollte man den Mut haben, sich tatsächlich des eigenen Verstandes zu bedienen. Auch wenn man zu einem anderen Ergebnis kommen sollte als ich – und etwa meint, Schutzmaßnahmen wären übertrieben –, ist dies doch etwas völlig anderes, als sich irgendwelchen obskuren Informationsquellen im Internet auszuliefern und allerhand Verschwörungsmythen zu teilen, ohne sich jemals gefragt zu haben, wie plausibel das alles sein kann. Ethisch fundierte Entscheidungen geben Sicherheit, die uns heutzutage ohnedies allen fehlt. Vom unmündigen zum mündigen Menschen ist es tatsächlich nur ein kleiner Schritt – und eine wesentliche Distanz ist an dieser Stelle schon genommen.

Pflichtenethik: Gut ist, was das Vernunftgesetz vorgibt

Immanuel Kant war ein Eigenbrötler, Zeitgenoss*inn*en haben ihn als schrullig beschrieben. Geboren am 22. April 1724 in Königsberg, hat er diese preußische Haupt- und Residenzstadt in Wahrheit Zeit seines Lebens nicht verlassen. Dort ist er auch am 12. Februar 1804 verstorben. Tagtäglich absolvierte er den gleichen Spaziergang, in Gedanken versunken und oft kaum ansprechbar. Er bestand darauf, zu fixen Zeiten sein Mahl einzunehmen. Es scheint, sein gesamtes Leben hätte aus fast schon zwanghaften Gewohnheiten bestanden, die nach der Reihe abgespult werden mussten.

Und dennoch darf man sich nicht täuschen: Kant war eine der radikalsten Figuren der Menschheitsgeschichte die man sich denken kann. Auf seinen Spaziergängen sollte er alles, was man als richtig gekannt hatte, wovon man überzeugt war, infrage stellen; durch konsequentes Schlussfolgern würde er die grundlegenden menschlichen Gewissheiten regelrecht auf den Kopf stellen und ein neues Weltsystem erschaffen.

Gemeinsam mit Georg Wilhelm Friedrich Hegel (1770–1831) schuf er die Basis unseres modernen gesellschaftlichen wie staatlichen Systems. Ohne Kant wären weder unsere Staaten vorstellbar, ebenso wenig die Europäische Union, noch unser aktuelles Rechtssystem. Seine Grundgedanken nachzuvollziehen kann enorm hilfreich sein, um unsere derzeitige Verfassung als Europäer*innen wie als Staatsbürger*innen zu verstehen.

Die Welt um 1750 war im deutschen Sprachraum durch geographische Zersplitterung gekennzeichnet. Im Süden herrschte die Habsburgermonarchie, die weite Gebiete des heutigen Österreich und südlicher und (nord-)östlicher Nachbarn dominierte. Auf dem Gebiet des heutigen Deutschlands fanden sich etliche Bistümer, Herzogtümer und auch das Königreich Preußen, das bis weit auf heute russisches Gebiet reichte. Königsberg, nun eine an Polen und Litauen angrenzende russische Exklave und als Kaliningrad bekannt, war der preußische Posten ganz im Osten. Der Dreißigjährige Krieg hatte hundert Jahre zuvor ganz Europa verwüstet und zerstörte Landschaften zurückgelassen. Mühsam hatten die Völker wieder grundlegend Vertrauen zueinander und in sich gefunden. Der monarchische Absolutismus hatte sich wieder etabliert: Könige herrschten über ihr Reich; besonders fortschrittliche gaben sich aufgeklärt und versuchten sich „modernen" Prinzipien zu öffnen. Nachdem der preußische Herrscher Friedrich Wilhelm I. 1740 verstorben war, erklomm sein Sohn Friedrich II. den Thron. Dieser gilt mit Joseph II. von Österreich, dem Kaiser des Heiligen Römischen Reiches, seiner legendären Mutter Maria Theresia und der russischen Zarin Katharina die Große als berühmtestes Beispiel dieses Aufgeklärten Absolutismus. Diese Herrscher*innen hatten sich der Schaffung einer vernünftigen Staatsverfassung verschrieben, die dem Allgemeinwohl dienen sollte – und nicht wie früher üblich, die Exzesse des Sonnenkönigs Ludwig XIV. in Frankreich dienten als Gegenfolie, auf Kosten der Allgemeinheit ein eigenes Lotterleben zu entfalten.

Friedrich der Große ging gleich daran, sein Reich zu reformieren. Menschen zu foltern war allgegenwärtige Praxis gewesen. Er schaffte diese unumwunden ab. Auch die Todesstrafe sollte nur mehr in Extremfällen verhängt werden. Der Strafvollzug wurde auf ein menschliches Maß beschränkt. Eine allgemeine Schulpflicht wurde eingeführt.

Immanuel Kants Denken traf mit voller Wucht auf diese Gesellschaft. Man kann aus der historischen Distanz sicherlich sagen, er hätte günstige Umstände vorgefunden. Die Welt war hungrig nach Aufklärung. Jahrtausende der Knechtschaft waren bereit, abgestreift zu werden. Platz für etwas Neues war reichlich vorhanden. Es brauchte nur jemanden, der die richtige inhaltliche Sättigung bieten konnte. Der Mensch fragte sich: Wer bin ich? Was soll ich tun? Was darf ich hoffen? Und was kann ich wissen?

Kant machte sich daran, diese Fragen auf seine eigene Art und Weise zu beantworten. Zunächst stellte er klar, dass die Grundlage unserer Wissensmöglichkeit begrenzt ist. Sein ganzes wissenschaftliches Leben kreiste um das Zentralgestirn der Vernunft. Er war Rationalist: Es gibt vorgegebene Prinzipien, die wir nur erkennen müssen. Diese müssen wir beachten, dann können wir ein würdiges Leben führen.

Warum soll unsere Fähigkeit, die Welt zu erkennen, beschränkt sein? Die Antwort ist so bezwingend, wie sie sich unvermittelt aufzudrängen scheint. Und doch war ein ungeheurer Gedankenschritt notwendig, um zu dieser zu kommen. Um die Welt zu erkennen, so Kant, müssen wir uns zunächst unserer Sinnesorgane bedienen. Wir nehmen unsere Umgebung nämlich mit unseren Sinnen wahr. Wir sehen, wir hören, wir riechen und schmecken. Wir tasten. Wer aber sagt uns, dass diese Empfindungen genau dem entsprechen, was uns vor Augen steht? Welche Instanz bestätigt uns, dass der Laptop, den ich gerade ansehe, tatsächlich genauso aussieht, wie er sich mir gedanklich präsentiert? Wir sind tatsächlich, so Kant weiter, auf die aufgenommenen Sinneseindrücke angewiesen. In diesen könnte schon ein erster Fehler liegen: Kann es nicht sein, dass wir einem Wahrnehmungsfehler unterliegen? Dass der Löffel – Laptops hat es damals noch nicht gegeben –, der vor mir liegt, tatsächlich eckig und verbogen ist, und nicht sorgsam abgerundet, wie wir ihn kennen?

Eine solche Garantie kann es nicht geben. Wir wissen heute, dass unsere Sinneswahrnehmungen im Gehirn verarbeitet werden. Erst dieser Prozess produziert eine Repräsentation in unserem Denkvermögen, wirft ein Bild des Wahrgenommenen auf unseren mentalen Bildschirm. Dieses Bild ist jedoch auch nur ein solches, ein Eindruck eines tatsächlichen Gegenstands. Kant ist hier in seiner Schlussfolgerung gnadenlos wie immer: Zum „Ding an sich" können wir nicht vordringen, da uns die Schranke unserer Wahrnehmungsfähigkeit daran hindert. Mit anderen Worten: Was wir erkennen, ist das Ergebnis unserer Wahrnehmung. Was wir wahrzunehmen glauben, ist das Ergebnis einer Verarbeitung von Sinneseindrücken. Ding und Abbild dessen in meinem Kopf sind nicht dasselbe, der Laptop vor mir und mein visueller Eindruck davon nicht zwingend deckungsgleich.

Diese These, die Kant in seinem Monumentalwerk der Kritik der reinen Vernunft (1781) auf Hunderten Seiten ausgebreitet hat, wird schon seit jeher als Zweite Kopernikanische Wende bezeichnet. Nikolaus Kopernikus (1473–1543), der berühmte polnisch-preußische Astronom, hatte rund 350 Jahre zuvor die Sonne richtigerweise in das Zentrum unserer Galaxie gerückt. Er hatte damit mit dem kirchlichen Dogma gebrochen, die Erde stünde im Mittelpunkt aller Welten. Diese ungeheure Revolution, deren Wirkmächtigkeit wir uns heute gar nicht mehr vorstellen können, sollte Schockwellen aussenden, die wie ein überzeitliches Erdbeben noch Jahrhunderte später die Fundamente geistlicher und weltlicher Macht erschüttern würden. Kopernikus war sicherlich ein Ahnherr der Moderne, gemeinsam mit Thomas Digges (1546–1595), Leonardo da Vinci (1452–1519), Giordano Bruno (1558–1600) und anderen.

Ein besonderes Anliegen von Immanuel Kant war es, das Phänomen des Guten und Bösen in der Welt auf wissenschaftliche Beine zu stellen. Die kirchlichen Lehren hatten zunehmend den Kontakt zum Volk verloren. Dieses konnte ohnedies in Latein gelesene Messen nicht verstehen. Das neue Menschenbild tat sein Übriges: Warum sollte man auf Denkvorgaben vertrauen, wenn man doch offensichtlich selbst denken konnte?

Die Fähigkeit zu denken alleine bedeutete aber noch lange nicht, deswegen auch gute Handlungen zu setzen. Dessen war sich auch Kant voll bewusst. Er war sich aber gewiss, dass folgerichtiges Denken hilft, den Kern des moralisch wertvollen, guten Verhaltens von allerhand Beeinträchtigungen freizuschälen. Dieses Bemühen kennzeichnet sein zweites epochales Unterfangen, seine ethischen Hauptwerke der *Grundlegung zur Metaphysik der Sitten* und der eigentlichen *Metaphysik der Sitten* (1785 beziehungsweise 1797).

Er fragt zunächst: Wie kann die Wertigkeit einer Handlung gemessen werden? Welches Verhalten kann man gut, welches böse nennen? Er grenzt sich klar von den Theoriemodellen der Tugendethik und des Konsequentialismus ab, die wir in der Folge kennenlernen werden. Weder der Charakter des Menschen, der sich in gewissen Handlungsmotivationen zeigt, noch die bloßen Folgen menschlichen Verhaltens können entscheidend sein. Das alles sei zwar interessant und könnte im Nachhinein ein Verhalten erklärbar machen; ein solches als gut oder schlecht zu bewerten erlaube das aber nicht.

Dies ist aus seiner Sicht einfach zu erklären: Solche Bewertungsmaßstäbe können sich ja nur auf einzelne Handlungen beziehen. Nur diese hat man, will man sie bewerten, vor Augen. Eine solche Würdigung muss jedoch, so Kant, letztlich willkürlich sein. Als generelle Richtschnur zur Beurteilung der moralisch-ethischen Qualität eines Verhaltens kann dies nicht dienen. Viel sinnvoller ist es, Handlungstypen zu bewerten.

Dieser Grundgedanke lässt sich auf ein ethisches Prinzip zurückführen, das quer durch alle Kulturen anerkannt wird. Die daraus folgende *Goldene Regel* ist allgemein bekannt. In unserem Kulturkreis kennen wir alle das Prinzip: „Was du nicht willst, das man dir tu, das füge auch keinem andern zu!" Schon aus diesem Satz tritt dessen Essenz deutlich hervor: Erstens gilt der Grundsatz der Reziprozität – verhalte ich mich einer anderen Person gegenüber fair, darf ich auch von dieser dasselbe erwarten –, zweitens der Universalität. Moralische Normen müssen für alle Menschen gleichermaßen verbindlich sein. Ansonsten könnte wiederum wie seit Menschengedenken nur das Prinzip gelten, dass es bei der Macht des Stärkeren bleibt.

Menschliche Handlungen müssen daher danach beurteilt werden, ob diese von anderen Menschen gleichermaßen akzeptiert werden können. Heutzutage, in der (post)modernen Welt, relativieren wir gerne. Wir verhalten uns tolerant gegenüber anderen Kulturen und sind oft geneigt, ein etwa fernöstliches Verständnis von Menschenwürde zu akzeptieren, das unserem so gar nicht entspricht. Wir halten das Recht jeder Einzelperson hoch und schützen personale Autonomie; im chinesischen Kulturkreis allerdings zählt ein Einzelwesen relativ wenig, sondern hat nur als Teil des Ganzen Gewicht.

Was kann es aber nun sein, so fragt Kant weiter, das allgemeinverbindlich sein kann? Es müssen dies allgemeine Prinzipien sein, die wir alle verstehen. Woher aber könnten diese stammen? Kant folgert: Solche können nicht aus menschlichen Erfahrungen stammen. Dann wäre das ganze System ja wieder kulturabhängig und letztlich zufällig-willkürlich. Gut und böse würden wiederum davon abhängen, wo man aufgewachsen ist, welche Bildung man genossen hat, welches Weltbild erworben wurde. Jemand, der in einer ländlichen Gegend aufgewachsen ist, wird völlig andere Werthaltungen mitbringen als ein anderer, der sich als geborene/r Kosmopolit*in bezeichnen kann. Ersterer dürfte wesentlich stärker auf die Bestimmungsmacht althergebrachter Sitte vertrauen, Vorgaben, „was man tun darf und was nicht", das eigene Verhalten danach ausrichten, was „andere Leute darüber denken könnten". Mir ist dieser Zugang aufgrund meiner eigenen Abstammung nur zu gut bekannt. *Anywheres* jedoch, so die schlüssige Beschreibung des britischen Publizisten David Goodhart,[86] fühlen sich im Gegensatz zu besagten *Somewheres* auf der ganzen Welt zu Hause, bewegen sich flüssig in den Kulturen und verfügen über ein offenes, tolerantes Weltbild. In Europa (Polen, Ungarn, Tschechien und Slowenien) und Übersee (etwa die USA während und nach Trump) ist dieser kulturelle Zusammenprall ja bestens zu beobachten.

Es wird zweifellos einen Unterschied machen, ob man beispielsweise in einem südspanischen Dorf aufgewachsen ist oder in Berlin sozialisiert wurde. In Spanien sind teilweise noch immer Praktiken üblich, die wir Mitteleuropäer*innen als archaisch und zutiefst abstoßend würdigen. Man denke etwa an das Spektakel des Stierkampfs oder an vergleichbare Events, bei denen lebendige Ziegen zum allgemeinen Gaudium von einem Turm geworfen werden. Dem Ort Manganeses de la Polvorosa hat das zu einer zweifelhaften Berühmtheit verholfen. Dort herangewachsene Personen werden daran weitestgehend nichts auszusetzen finden, das sei ja schon immer so gewesen, Tradition. Manche streng orthodoxen Gläubigen können beim besten Willen noch immer nicht verstehen, warum Veranstaltungen wie Gay Pride oder überhaupt öffentliche Wahrnehmungen der LGBTQI*-Community zulässig sein können. Bedroht das nicht die Sicherheit unserer Kinder? Die Argumentation der Gegenseite, man störe doch niemanden und lebe nur den eigenen Lebensentwurf, kann dort nicht verfangen.

Aus diesem Grund greift Kant auf vorgegebene Prinzipien zurück. Es muss doch etwas geben, das bereits vorhanden ist, das wir nur zu finden brauchen, um unser Verständnis von Gut und Böse zu leiten. Ein solches muss für alle Menschen gelten, sonst wäre es wertlos. Wie und wo könnten wir ein derartiges aber finden?

Alle menschlichen Verhaltensnormen, an die wir uns alltäglich halten, sind letzten Endes von einer Stelle vorgegeben worden. Am einfachsten ist das am Beispiel des Rechts zu zeigen: Gesetze und Verordnungen sagen uns, welches Verhalten richtig ist und welches nicht. Verstoßen wir gegen rechtliche

Normen, können wir bestraft werden. Wir verlieren Privilegien, die wir ansonsten bekommen hätten. Uns wird eine finanzielle Unterstützung entzogen, wir haben keinen Anspruch mehr auf Leistungen staatlicher Institutionen. Wir bekommen eine Geldstrafe und müssen im schlimmsten Fall ins Gefängnis.

Es ist hier letztlich der Staat, der uns die Verhaltensnormen setzt. Der Staat ist eine Verkörperung der menschlichen Gesellschaft, der bezogen auf ein bestimmtes räumliches Gebiet wirkt. Normen werden in unseren demokratischen Rechtsstaaten üblicherweise von einer Mehrheit gesetzt, die wir mit Mehrheitsentscheidung wählen konnten. Daneben gibt es Rechte für Minderheiten, die sogar die Mehrheit beachten muss. Immer wieder gibt es undemokratische Erscheinungen, in denen die Mehrheit versucht, die Minderheit einzuschränken. Zur Überwachung des staatlichen Handelns sind Verfassungsgerichte (siehe auch das Kapitel zuvor) berufen, die den Staat gelegentlich in die Schranken weisen, wenn er derartige grundlegende Rechte – als Grund- und Menschenrechte bekannt – verletzt.

Diese basalen Sicherheiten sind ein Ausdruck der menschlichen Freiheit. Diese ist auch Ausgangspunkt für Kant, der sich überlegt, was denn ganz prinzipiell unsere Einbettung in der Welt kennzeichnet. Noch stärker sollte dies in der Folge bei Hegel der Fall sein und auf dessen Basis bei Karl Marx (1818–1883): Nach diesen Philosophen war die gesamte Menschheitsgeschichte eine Entwicklung hin zu immer mehr Freiheit, auch wenn die marxistische Variante sich tatsächlich in ihren Extremformen – Stichwort: Kommunismus – als dessen Gegenteil erweisen sollte.

Freiheit also ist es, die unser Leben kennzeichnet. Freiheit gibt es nicht überall und zu aller Zeit, das ist auch Kant bewusst. Wir verfügen aber über die Möglichkeit zur Freiheit. Wir Menschen, anders als die Tiere, sind uns nicht nur der Umwelt bewusst, in der wir leben. Tiere haben Instinkte und können sich sicher in der Welt bewegen. Instinkte geben ihnen vor, wie und wo lebensnotwendige Nahrung organisiert werden kann, wann es Zeit ist zu schlafen, um sich zu regenerieren, wie man mit Gefahren umgeht. Nachdem der Mensch aber, überlegt Kant, nicht mit Instinkten ausgestattet ist – was könnte uns das sagen? Die Natur hätte uns wohl doch auch als Instinktwesen geformt, wenn dies sinnvoll gewesen wäre. Dann hätten wir auf Umweltreize sofort mit unseren Instinkten reagiert. Wir hätten mit ausgeprägtem Geruchssinn sofort den Weg zur nächsten Nahrung gefunden, wir hätten uns instinktiv auf Gefahr von Situationen eingestellt und sofort danach gehandelt. Tatsächlich aber müssen wir Situationen erst bewerten. Warum sind wir daher Möglichkeitswesen, die offenkundig frei entscheiden können?

Es muss daher die Freiheit sein, die uns diesen Möglichkeitsraum eröffnet. Tiere sind nicht frei, sie sind an ihre Instinkte gebunden. Wenn etwa ein Jagdhund ein kleineres pelziges Lebewesen davonlaufen sieht, folgt er diesem instinktiv. Sein Jagdtrieb ist entfacht worden. Wir Menschen haben keinen solchen. Wir werden uns am Anblick eines putzigen Eichhörnchens erquicken, diesem allerdings nicht kopflos nachjagen.

Die Freiheit, die unser Universum an Möglichkeiten eröffnet, bezeichnet Kant als die negative. Sie ist es auch, die unser Leben vor überbordenden staatlichen Eingriffen schützt. Die Möglichkeit, sein Leben frei zu leben, das heißt, in diesem Sinne nach eigenen Möglichkeiten und Neigungen selbstbestimmt zu entfalten, darf durch übergeordnete Stellen nicht übermäßig beschränkt werden. Zu dieser Einsicht sind wir durch jahrhundertelange Kämpfe gegen Autoritäten gelangt. Die europäischen Verfassungsrevolutionen, der Rückzug der zuvor allmächtigen Kirche auf den Glaubensbereich, der Umsturz autoritärer Regimes im 18. und 19. Jahrhundert haben dafür die Grundlage gelegt. Der liberale Gedanke, wir alle sollten unser Leben frei gestalten können, solange wir nicht unzumutbar in die Freiheit anderer Personen eingreifen, wird uns in der Folge noch bei John Stuart Mill begegnen. Dieser ist mit Kant Vater des Gedankens der negativen Freiheit: Freiheit ist nach diesem Verständnis die Freiheit von staatlichen, autoritär-paternalistischen oder sonst übergeordneten Beschränkungen der je individuellen Freiheit.

Freiheit muss aber auch über diesen Abwehrcharakter hinaus eine positive Komponente haben, um eine vollständige sein zu können. Ansonsten, so Kant, wäre sie letztlich schrankenlos. Ich könnte dann tatsächlich nach meinen aktuellen Vorlieben leben. Grundsätze gäbe es keine, außer denjenigen der Lustmaximierung. Das kann jedoch kein sinnvolles Leben sein: verschwenderisch in den Tag hineinzuleben, rücksichtslos und ohne Beachtung natürlicher Ressourcen. Kant hat hier bereits unser modernes Dilemma der hochindustrialisierten Welt vorweggenommen: Die Überschreitung der planetaren Grenzen, die totale Unterwerfung von Flora und Fauna haben uns erst die Umweltkatastrophe beschert, mit der wir in den nächsten Jahrzehnten zu kämpfen haben werden.

Woran könnte sich nun diese Freiheit binden? Nach Kant kann dies nur ein Aspekt sein, der sich in der Freiheit selbst findet. Alles andere wäre letztlich wiederum nur willkürlich und irgendwelchen tatsächlichen Entwicklungen geschuldet. Wir wären dann wieder bei der örtlichen und zeitlichen Gebundenheit der jeweiligen menschlichen Existenz angelangt, bei der es auf Zeit und Ort der Geburt ankommt. Grundlegende Prinzipien müssen jedoch aus sich heraus gelten, weitestgehend örtlich und zeitlich ungebunden.

Kant verfolgt den Ursprung der Freiheit auf deren Wurzel zurück. Warum leben wir nicht instinktiv, sondern haben die Gabe der Freiheit? Es kann nur der gute Wille sein, der dies begründen könnte. Nur ein guter, gütiger Wille kann einen „vollen Wert in sich selbst" haben. Kant kommt zu dieser Einsicht über folgenden Dreischritt: Gesetzt ist erstens das Prinzip der Freiheit. Wir Menschen müssen aus gutem Grund frei sein können. Freiheit kann nur als Folge unserer natürlichen Veranlagung wirken. Menschen sind sprachbegabt und fähig zur Vernunft, das unterscheidet uns schon äußerlich von den Tieren. Auch Sprache ist vernunftgebunden, mit ihr können wir unseren Gedanken Ausdruck verleihen. Der ureigene Kern, das Zentrum unserer Verankerung in der Welt muss daher die Gabe der Vernunft sein. Dies ist sein zweiter Gedankenschritt. Wozu wird uns die Vernunft anleiten? Sich ihr würdig zu erweisen, so lautet seine Antwort.

Schritt drei spannt diesen intellektuellen Bogen. Vernünftig kann nur sein, was der Freiheit hilft zu wirken. Freiheit ist etwas, womit wir alltäglich konfrontiert werden. Jeder Tag ist von Abertausenden Entscheidungen gekennzeichnet, denen wiederum unzählige Verästelungen an Möglichkeiten zugrunde liegen. Es muss daher etwas geben, das unseren Willen dauerhaft und nachhaltig beeinflussen kann. Das ist nach Kant die Vernunft. Diese haben wir als praktisches Vermögen bekommen. Kant war Christ und geht daher grundsätzlich von der göttlichen Schöpfung aus. Gott habe uns daher diese Kompetenz zuerkannt. Man kann das aber auch weltlich sehen. Wir als Menschen wurden jedenfalls diesem Gedanken folgend von der Natur mit der Gabe der Vernunft ausgestattet.

Diese Vernunft ist ein praktisches Vermögen, das heißt, wir können es im Leben einsetzen. Das unterscheidet uns, um es nochmals klarzustellen, von den Tieren, aber auch von der pflanzlichen und unbelebten Natur. Vernunft gebietet uns, unsere Entscheidungen so einzurichten, dass diese einem allgemein guten Zweck dienen. Das darf kein solcher sein, der sich nur aus einer konkreten Lebenssituation ergibt, sondern ein derartiger muss sich als beständig, dauerhaft darstellen. Kant schließt den Kreis seiner Erwägungen ab mit dem Hinweis auf die Güte des Willens: Nur derjenige, der seiner wahren Bestimmung der Vernunft entspricht, kann gut sein.

Was ist nun der Inhalt dieser Willensqualität? Nach unserem Verständnis bedeutet ja einen guten Willen zu haben nicht mehr als sich zu bemühen, eine gewisse Nachgiebigkeit an den Tag zu legen. Inhaltlich ist damit ja noch überhaupt nichts ausgesagt. Kant entfernt sich von diesem alltagssprachlichen Verständnis und legt dar: Ein solcher guter Wille muss uns binden. Er muss die Grundlage dafür sein, dass wir auch in Zukunft in gleich gelagerten Situationen gleich, in seinem Sinne richtig entscheiden. Das macht uns berechenbar und entspricht seiner Einschätzung des Prinzips. Ein Grundsatz kann nur sein, was dauerhaft und unabhängig von der jeweiligen Lebenssituation gilt.

Entscheidungen können wir ganz einfach egoistisch treffen. Wir haben die Laune, nach Barcelona zu fliegen, und tun das. Wir denken nicht tiefer darüber nach, was diese Entscheidung auch bedeutet: Inanspruchnahme natürlicher Ressourcen, Verschlechterung der CO2-Bilanz, katastrophaler ökologischer Fußabdruck. Vielleicht plagt uns dieser Hintergrund gelegentlich als Aufleuchten eines schlechten Gewissens? Möglicherweise. In der Entscheidung werden solche Momente jedenfalls nicht bestimmend gewesen sein.

Die konkrete Lebenssituation kann daher für Kant kein Maßstab sein. Mit jeder Entscheidung könnten wir Launen, Eigennutz oder Eitelkeit nachgeben. Genau das soll allerdings ein grundlegendes Prinzip verhindern. Der „sittliche Gehalt", der moralische Wert einer Handlung kann ja nur darin liegen, dass diese nicht „aus Neigung, sondern aus Pflicht" ausgeführt wird. Was Kant hier meint, ist einfach erklärt: Wenn wir etwas gerne machen, ist dies in Ordnung. Wenn wir etwa altruistisch anderen Personen helfen, ist das zu befürworten. Einstellungen können sich jedoch ändern. Wer weiß, vielleicht sehen wir das in einigen Jahren völlig anders? Wir verweigern uns dann mitmenschlicher Hilfe. Wäre das moralisch gut? Wenn keine überwiegenden Gründe dazu kommen, die ein solches Verhalten rechtfertigen würden (etwa: Schutz des eigenen Lebens oder jenes der Familie), werden wir dies wohl verneinen. Eine Neigung im Sinne von Kant ist daher eine situationsbezogene Fallgestaltung, die wir im Zeitpunkt der Entscheidung für uns beantworten. Eine Pflicht ist demgegenüber ein entwickelter Grundsatz, der sämtlichen unserer alltäglichen Lebensentscheidungen zugrunde liegt.

Auch bei Kant spielt die zitierte *Goldene Regel* eine entscheidende Rolle, wird von ihm jedoch noch an wichtiger Stelle verstärkt. Wenn ich mich so verhalte, wie ich das von anderen Menschen erwarte, geht dies schon in die richtige Richtung. Das erlaubt aber wieder alltägliche Ausflüchte: Wenn ich etwa davon ausgehe, dass ohnedies niemand ehrlich ist, kann ich auch selbst bedenkenlos lügen und betrügen. Das wird sich jedoch als letzte Grundlage einer Ethik nicht eignen. Wie soll

Gesellschaft funktionieren, wenn keiner dem anderen auch nur im Ansatz vertrauen kann?

Kant tritt daher einen Schritt zurück und verlagert die Ebene. Für ihn entscheidend ist nicht die konkrete Lebenswirklichkeit. Nicht die Situation einer einzelnen Entscheidung hat er im Blick: etwa diese, sich, die Speisekarte in Händen, für einen Toast oder Spaghetti zu entscheiden. Sondern die übergeordnete Ebene, auf der die Grundlage eines Entscheidungsmechanismus für künftige Fälle gelegt wird. Kant entwickelt seinen berühmten kategorischen Imperativ: „Handle nur nach derjenigen Maxime, durch die du zugleich wollen kannst, dass sie ein allgemeines Gesetz werde.“ Sprachlich etwas aktualisiert bedeutet das: Sorge dafür, dass du Entscheidungen treffen kannst, die allgemein gelten sollen.

Maxime ist für Kant ein Grundsatz, der künftige Entscheidungen dominiert. Wir sollen also Entscheidungen so treffen, dass diese mit einem übergeordneten, für alle Menschen geltenden Handlungsmaßstab in Einklang stehen. Berühmtes Beispiel: dasjenige der Lüge. Wenn alle Menschen lügen, gibt es nichts mehr, worauf wir vertrauen dürfen. Das menschliche Zusammenleben würde in Anarchie ausarten, wir wären wieder beim Recht des Stärkeren gelandet. Das kann kein Ziel einer Ethik sein. Ethik will auch menschliches Zusammenleben ordnen.

Genau für dieses Beispiel ist Kant seit jeher als unzulässig rigoros gescholten worden. Wie kann es gerechtfertigt sein, einer Mörderbande vor meiner Tür nicht verheimlichen zu dürfen, dass sich in meinem Haus der gesuchte Freund befindet, den diese aus rassistischen Gründen töten will? Es fällt tatsächlich schwer, Kant in dieser Kompromisslosigkeit zuzustimmen. Das Prinzip ist jedoch nachvollziehbar – und wird hierzulande weitgehend anerkannt: Gestattete man etwa, dass Menschen andere töten dürfen, wäre unser aller Leben bedroht. Ich werde mich hüten, eine derartige Maxime zu erlauben, könnte ich doch das nächste Opfer sein.

Aus diesem Grund wird Kant auch als Pflichtenethiker bezeichnet. Bei ihm ist der Wille gebunden. Frei nennt er diesen erst dann, wenn Einsicht in diese Bindung besteht. Und genau das ist die positive Seite seines zuvor entwickelten Freiheitsbegriffs: Negativ schützt mich Freiheit vor staatlichen Eingriffen in meinen autonomen Lebensbereich; positiv jedoch muss ich anerkennen, dass mir ein menschenwürdiges Leben nur dann zur Verfügung steht, wenn ich meinen Willen an dieses dargestellte Prinzip binde.

Zwei weitere wesentliche Begriffe der Kantischen Ethik sind soeben gefallen: jene der Autonomie und der Menschenwürde. Autonomie ist gleichbedeutend menschlicher Selbstbestimmung. Im System von Kant bedeutet aber Selbstbestimmung nicht, wie aus unserer Alltagssprache bekannt, die völlig ungebundene Möglichkeit freier Entscheidungsfindung. Autonom ist der Wille nach Kant dann, wenn dieser seinem System entspricht. Ich muss den Willen daher wie dargelegt binden und meine Entscheidungen an den kategorischen Imperativ ausrichten. Lasse ich diese Einsicht zu, muss ich auch anderen Menschen das Recht zuerkennen, dass diese eigene Maximen setzen können. Diese Maximen, von ihm auch als Zwecke bezeichnet, haben auch die anderen an der Vernunft auszurichten. Letztlich werden daher wohl ohnedies alle gleich lauten müssen.

Wird das wechselseitig anerkannt, schaffen wir die Basis für Menschenwürde. Jede/r akzeptiert den anderen als grundsätzlich gleichrangig, auch wenn in der Welt immer Unterschiede in Rang, Vermögen und Möglichkeiten bestehen werden. Mit unserer Vernunftausstattung sind wir jedoch alle im Grundsatz gleich. Dieses Anerkenntnis garantiert uns wechselseitig die Menschenwürde.

Diese Ethik lässt sich daher folgendermaßen zusammenfassen und auf die moderne Welt bezogen zuspitzen:

- Als Lebewesen sind wir Menschen grundsätzlich alle gleich. Wir sind alle mit der Gabe der Vernunft ausgestattet.
- Um dieser zu entsprechen, dürfen wir nur Entscheidungen treffen und Handlungen vollziehen, die über unsere unmittelbar egoistischen Interessen hinausgehen.
- Dies müssen wir am Maßstab der Verallgemeinerungsfä-

higkeit unserer handlungsleitenden Aspekte messen: Eine Handlung ist nur dann moralisch gut, wenn sie auf Prinzipien beruht, die wir auch anderen Menschen zugestehen können.
- Solche Prinzipien verfolgen ein allgemeines Freiheitsinteresse. Gut ist, was die allgemeinen menschlichen Möglichkeiten in diesem Sinne auf Dauer vermehrt.

Der Utilitarismus: Gut ist, was der Mehrheit nützt

Das konkurrierende Prinzip, das in England entstanden ist und heute den anglo-amerikanischen Raum dominiert, fragt nach den Folgen einer Handlung. Handlungsleitende Prinzipien sind hier weitgehend aus der Perspektive herausgenommen. Entscheidend sind Nutzen oder Schaden, die Verhandlungsweisen produzieren.

Das Prinzip des Konsequentialismus ist im England der Industriellen Revolution etwa zeitgleich mit Immanuel Kants Pflichtenethik entstanden. Maßgebliche Proponenten waren dafür Jeremy Bentham (1748–1832) und John Stuart Mill (1806–1873). Die Sozialverfassung war hier eine völlig andere als auf dem Kontinent. In Frankreich hatte die Französische Revolution ab 1789 das althergebrachte System der Erbkönigschaft als *ancient regime* hinweggefegt; in Deutschland und Österreich waren die Jahre um 1850 die entscheidenden der Revolution. Zuvor war das System ein sehr repressives gewesen. Der österreichische Staatsmann Klemens Wenzel Lothar von Metternich (1773–1859) war maßgeblich dafür verantwortlich gewesen, im Rahmen des Wiener Kongresses 1814/1815 Europa nach den Napoleonischen Kriegen neu zu ordnen. 1819 folgten auf sein Bestreben und unter seiner Schirmherrschaft die berüchtigten Karlsbader Beschlüsse, die die Meinungsfreiheit im Rahmen des Deutschen Bundes massiv einschränken würden. Die Revolution sollte daher das deutschsprachige Westeuropa erst mit jahrzehntelanger Verspätung erreichen.

Dennoch war die Situation in Großbritannien schon zur Zeit der Französischen Revolution eine ganz anders gelagerte. Schon hundert Jahre zuvor war die *Glorious Revolution* erfolgreich gewesen und hatte dem Königshaus demokratische Mitspracherechte aufgezwungen. Die nun vergleichsweise tolerante Gesellschaftsverfassung, vor allem in Schottland, brachte gerade aus den Universitäten erfolgshungrige, risikofreudige Unternehmer hervor, die das gesamte Wirtschaftssystem neu gestalten sollten. Im letzten Drittel des 18. Jahrhunderts waren es bahnbrechende Erfindungen, die zu einer stark beschleunigten Entwicklung von Technik und Produktion führen sollten. Rationalisierungen im Bereich der landwirtschaftlichen Produktion hatten die Grundlage gelegt, technische Errungenschaften in der Textilindustrie leiteten den Umbruch ein.

Die Dampfmaschine erlaubte es, effizient zu produzieren. Skalierung war ein neugeschöpfter Begriff, der diese Revolution gut bezeichnet: Plötzlich konnte man in großem Maßstab Waren vervielfältigen; war man zuvor auf menschliche Arbeitskraft angewiesen gewesen, durch die ein Produkt vom Anfang des Produktionszyklus bis zu dessen Ende, der Fertigstellung, händisch bearbeitet werden musste, übernahm nun die Maschine diesen Prozess. Eine solche konnte wesentlich schneller, verlässlicher und standardisiert zur Herstellung herangezogen werden. Hatte es zuvor Stunden gedauert, etwa ein Kleidungsstück aus Leinen herzustellen, konnte dies nun auf einen Bruchteil minimiert werden.

Mit der Dampfmaschine wurden auch unglaubliche Kräfte frei. Die Dampfschifffahrt wusste dies zu nutzen. Nun war der Transport schwerer Güter über die gesamte britische Insel kostengünstig möglich. Tonnen konnten auf diese Art und Weise verschifft werden. Ein Vorgang, der zuvor Monate mühsamen Transports mit Pferdefuhrwerken in Anspruch genommen haben würde. Es folgten der Aufbau eines Eisenbahnsystems und einer guten Verkehrserschließung. Kohle und Stahl legten den Grundstein für den britischen Reichtum dieser Zeit, natürlich auch verstärkt um die Ausbeutung der Kolonien aus Übersee.

Auch im Verkehr mit diesen dienten nun Dampfschiffe als effiziente Transportmöglichkeit.

Diese neuen Produktionsweisen erlaubten es zwar, unglaubliche Reichtümer anzuhäufen, und waren geeignet, den allgemeinen Lebensstandard anzuheben. Dennoch waren bald die Nachteile dieser Weltauffassung zu erkennen: Jeder Wert wurde auf seine wirtschaftliche Verwertbarkeit reduziert. Der Mensch zählte nur mehr als Produktionsfaktor, der Leistung zu erbringen hat, und wurde lediglich dann wertgeschätzt, wenn er dem vorgegebenen Leistungsniveau auch entsprechen konnte. Das konnten zunehmend immer weniger; Ausgezehrte wurden ausgesondert und mussten hinkünftig ihr Dasein als Bettler in den Straßen der Industriemetropolen fristen. Auch Kinder mussten arbeiten. Der Begriff Manchester-Kapitalismus dient noch heute als vielsagendes Sinnbild für diese Auswüchse moralfreien Verwertungsdenkens.

Die Verwerflichkeit eines derart produzierten Pauperismus drang jedoch erst mit jahrzehntelanger Verspätung ins allgemeine Bewusstsein. Den Proponenten des Konsequentialismus darf man daher insoweit wohl keinen Vorwurf machen, auch diese waren Kinder ihrer Zeit. Regelrecht euphorisiert durch den wissenschaftlichen Erkenntnisgewinn – England war das Stammland der neuen wissenschaftlichen Methode, Experimente hatte man dort erfunden und verfügte auf der Insel über die weltweit besten Universitäten –, motiviert durch die wirtschaftlich schier unlimitierten Ertragsmöglichkeiten und agitiert durch ein allgemeines Bewusstsein des unaufhaltsamen Fortschritts, wusste man dies auch für den Bereich der Ethik dienstbar zu machen.

Adam Smith (1723–1790), der uns bereits zuvor begegnet war, gilt als der Ahnherr der modernen Wirtschaftswissenschaft. Von ihm stammt nicht nur die Figur der „unsichtbaren Hand“, die auf magische Art und Weise die Wirtschaft fließen lässt, wenn man nur nicht in diesen Prozess eingreift, sondern auch das Phänomen des Homo oeconomicus. Der „der Wirtschaft verschriebene Mensch“, so die deutsche Übersetzung aus dem Lateinischen (Ökonomie geht auf das griechische

„oikos“ zurück, das den Haushalt eines Gutes beschreibt), ist strikt rational. Hier gibt es eine interessante Parallele zu Kant: Auch hier steht die Vernunft im Zentrum.

Diese ist jedoch interessensgeleitet, um nicht zu sagen eindimensional. Der wirtschaftlichen Maßfigur entspricht nur ein Handeln, das wirtschaftlichen Ertrag verspricht. Dieser Mensch handelt ausschließlich aus Sicht seines eigenen ökonomischen Interesses. Dadurch, so die Theorie, bewirkt er ein allgemeines Erblühen des Wirtschaftssystems.

Es ist schon vielfach nachgewiesen worden, dass diese These falsch ist. Man kann zwar großzügig zugestehen, es handle sich dabei um einen Idealtypus. Und man zieht diesen heran, um gewisse Erscheinungen in eine Formel zu bringen. Die Behauptung aber, es könne so etwas in der Lebenswirklichkeit geben, ist einfach zu widerlegen. Man denke nur an die Wirtschaftskrise 2007 oder das Platzen der Dotcom-Blase um die Jahrtausendwende. Alle diese Phänomene sind vorwiegend auf psychologische Motivationen zurückzuführen, auf eine allgemeine Manie in einem „Bullenmarkt“, auf verbreitete Hysterie in einem abschwingenden „Bärenmarkt“. Insgesamt ist das Auf und Ab an den Weltbörsen eher emotionalen Erwartungshaltungen verpflichtet als einem strikt rationalen Handeln.

Adam Smith war aber, was heutzutage gerne übersehen wird, von seiner grundlegenden Ausrichtung her Ethiker. Von ihm stammt die Theorie der „ethischen Gefühle“, die eine interessante Abweichung zu seiner Wirtschaftstheorie darzustellen scheint: Hier nämlich legt er den Schwerpunkt auf zwischenmenschliche Empathie und weist nachvollziehbaren Handlungsmotiven den Ausschlag zu. Durch Sympathie bewerten wir die Motive anderer Menschen, aus einem übergeordneten Standpunkt („unparteiischer Beobachter“) wird die Frage der Moralität unserer eigenen Handlungen beurteilt.

Eher auf das Smith'sche Menschenbild des kühl kalkulierenden Vernunftwesens aufbauen denn auf seine ethische Theorie würden allerdings die beiden Fundamente des Konsequentialismus, die bereits genannten Jeremy Bentham und John Stuart Mill. Bentham waren als Spross einer reichen Londoner Familie alle Entwicklungsmöglichkeiten in die Wiege gelegt worden. Bald zeigte er sich auch mit enormen geistigen Fähigkeiten ausgestattet und absolvierte in Windeseile das Studium der Rechtswissenschaften. Dieses war ihm jedoch – für mich als Jurist wenig verwunderlich – doch etwas zu anwendungsbezogen, seine wahre Faszination sollte vielmehr der Philosophie und grundlegenden existenziellen Fragestellungen gelten.

Gut war für Bentham eine Handlung dann, wenn sie den höchsten Nutzen versprochen hat. Anders als für Kant haben daher nicht die Beweggründe, aus denen eine Handlung ausgeführt wird, gezählt. Entscheidend waren die bewirkten Konsequenzen. Daher stammt auch der Name Konsequentialismus, der für diese Strömung als Überbegriff verwendet wird. Allgemein wird diese Ethik auf folgende Formel gebracht: Man muss, um eine ethisch optimale Handlung zu vollbringen, das größte Glück der größten Zahl erreichen. Auch wenn das vielleicht widersprüchlich klingt, tatsächlich ist es das nicht: Verfolgt werden soll das Maximalglück. Das Element der maximalen Zahl an Menschen, das damit beglückt werden soll, dient nur der zusätzlichen Verdeutlichung.

Bentham ist sich dessen bewusst, dass Irrtümer oder äußere Hindernisse die handelnde Person daran hindern können, das Optimum tatsächlich zu erreichen. Auch wenn Motive keine eigenständige Rolle spielen, sind diese letztlich doch wichtig: Sie zählen als Bestreben, mit welchem eine Handlung ausgeführt werden soll. Es kann nämlich auch nicht auf den bloßen Blick aus der historischen Distanz zurück auf den Zeitpunkt des Handlungsentschlusses ankommen. Nur dann nämlich könnte seriös beurteilt werden, welche Folgen eine Handlung tatsächlich gezeitigt hat. Das könnte aber bedeuten, dass man unzumutbar lange Zeit abwarten müsste, ehe man über Gut und Böse befinden könnte. Bentham präzisiert daher: Es ist auf erwartbare, voraussichtlich eintretende Konsequenzen abzustellen.

Der Maßstab des Glücks hat über die Jahrzehnte auch eine Wandlung vollzogen. Ursprünglich war gerade Bentham selbst der Meinung, Glück als uns allen verständlicher positiver Sinneszustand, ein beschwingtes, beglücktes Gefühl, diene als Ziel. Zeitgenössisch ist man davon abgerückt und versteht dieses Element eher im Sinne einer positiven Einsatz-Nutzen-Bilanz. Das aktuelle Begriffsverständnis liegt daher tatsächlich dem Homo oeconomicus näher als das ursprüngliche.

Mit John Stuart Mill hat schließlich ein weiteres britisches Wunderkind die Bühne des Konsequentialismus betreten. Er gilt als Vater der liberalen modernen Gesellschaftsauffassung. Ebenso wie Bentham in eine reiche Familie geboren, hat auch er im Eilzugstempo verschiedene akademische Studien durchlaufen – und sein Hauptinteresse in der Philosophie gefunden.

Sein Hauptwerk *Über die Freiheit* (1869) gilt als Bibel des Sozialliberalismus. Mill erstattet darin ein flammendes Plädoyer für Toleranz. Anderslautende Meinungen dürfe man nie und nimmer unterdrücken; man könne ja niemals wissen, ob nicht doch vielleicht die andere die richtige sein könnte. Und auch wenn sich die eigene als zutreffend herausstellen sollte: Die Konfrontation mit der anderen könne die eigene bloß schärfen, was nur sinnvoll sein könne. Niemals dürfe ein Staat seinen Bürger*inne*n vorschreiben, woran sie zu glauben hätten, wie sie leben sollten, was hoffen. Dadurch kann man nur „willfährige Untertanen" produzieren, ohne Mumm, charakter- und rückgratlos, seichte Gemüter, so Mill. Viel wichtiger ist es für ihn, selbständige Individuen wachsen zu lassen. Nur dies könne zum allgemeinen Wohl beitragen, keine Verkümmerung möglicher Fähigkeiten.

Mill verbreiterte die ursprüngliche Bentham'sche Auffassung noch zusätzlich um ein sozialethisches Gerechtigkeitselement: Das Element des größtmöglichen Glücks beinhalte auch, die Möglichkeit dazu grundsätzlich allen Personen einzuräumen. Ohne Rücksicht auf Status, Bildung oder Vermögen sollten alle in die Lage versetzt werden, am Gemeinwohl teilzunehmen. Niemand dürfe daher zurückgelassen werden, so Mill. Mit dieser Ergänzung werden Konsequentialist*inn*en bis heute regelmäßig als Sozialreformer*innen angesehen.

Man kann den Utilitarismus, wie diese ethische Theorie auch

genannt wird, weiter differenzieren: Eine Variante prüft den Gesamtnutzen einer konkreten Handlung, eine andere wiederum denjenigen, der sich bei Beachtung einer konkreten Regel ergeben würde (Letzteres weist eine klare Verwandtschaft zur Pflichtenethik auf und ist kein eigentlicher Konsequentialismus). Auf anderer Ebene wäre einmal die Gesamtmenge an empfundenem Glück maßgeblich, dann wieder eine solche an befriedigter Präferenz. Diese Unterscheidung verengt im letzteren Fall den Gesamtnutzen nicht bloß auf eine subjektive, schwer messbare Empfindung, sondern stellt auf bestimmte Wünsche ab, die sich als Zielmotivation nachvollziehen lassen, etwa: ein gesundes Leben zu führen. Schließlich wird unterschieden zwischen einem Utilitarismus, der die Summe des Nutzens maximieren will und einem solchen, der auf den maximalen Durchschnitt des erzielten Nutzens abstellt. Diese Unterscheidung kann im gesamtgesellschaftlichen Maßstab von Bedeutung sein: Unterschiedliche Bevölkerungsgruppen können unterschiedliche Glücksvorstellungen beziehungsweise Präferenzen haben. Es kann sich empfehlen, diese nicht über einen Kamm zu scheren, sondern nach Gruppeninteressen getrennt zu beurteilen.

Worauf auch nun immer als Maßstab Wert gelegt wird: Ein Vorwurf, den der Konsequentialismus regelmäßig der Pflichtenethik macht, richtet sich noch mehr gegen ihn selbst. Jener des Rigorismus, des eiskalten Abwendens von der Lebenswirklichkeit. Was nämlich letztlich den Ausschlag gibt, ist eine bloße kalkulatorische Größe. Ob es nun die Personenanzahl ist, der das maximale Glück zukommen soll, das Durchschnittsglück der Gesellschaft oder die Maßzahl der Erfüllung individueller Präferenzen – immer ist es eine Rechengröße, die isoliert über die Faktoren Gut und Böse zu entscheiden hat.

Berühmte Beispiele gibt es viele. Oft zitiert wird etwa jenes eines sehr gewichtigen Mannes, der auf einer Brücke steht. Unter ihm verläuft eine Eisenbahnstrecke, wobei sich der Schienenverlauf unmittelbar vor der Brücke in zwei Stränge aufspaltet. Wir Beobachter*innen nehmen wahr, wie sich ein Zug mit voller Geschwindigkeit nähert. Die Weichen sind offenbar so gestellt, dass die Garnitur die linke Variante nehmen wird. Bedauerlicherweise befinden sich auf dieser mehrere Fußgänger*innen, die wir nicht mehr rechtzeitig warnen können. Diese können auch nicht flüchten, dafür sind die Wände zu steil. Wir haben auch sonst keine Möglichkeit, die todbringende Kollision zu vermeiden. Als einzige Möglichkeit verbleibt: Wir werfen den untersetzten Zeitgenossen auf die Schienen, um zu verhindern, dass der Zug in die Personengruppe rast. Da es sich hier nur um ein Gedankenexperiment handelt, würde dies auch erfolgreich verhindert werden können.

Wie ist eine solche Vorgehensweise ethisch zu bewerten? Ist es moralisch vertretbar, den bedauernswerten Mann als Objekt zu entmenschlichen und ihn zu töten, um gleichzeitig mehrere Leben zu retten? Oder wäre das sogar zu begrüßen?

Kant würde dies eindeutig zurückweisen. Es ist unzulässig, fremdes Leben für anderes zu opfern. Eine Rangordnung zwischen dem Wert menschlichen Lebens individueller Personen gibt es nicht. Jedes Menschenleben ist ein Wert an sich, der weder relativiert noch in Geld bewertet noch durch irgendetwas aufgewogen werden kann.

Anders der Utilitarismus: Mehrere Leben überwiegen bloß eines schon der Zahl nach bei Weitem. Das Gesamtglück steigt, wenn mehrere Leben gerettet werden, während „nur" eines beendet wird. Es ist moralisch gut, dem wohl widerstrebenden übergewichtigen Spaziergänger zum allgemeinen Wohl „zu verhelfen" und ihn im überwiegenden Interesse der Mehrheit zu opfern. Ich frage Sie, sehr geehrte Leserin, sehr geehrter Leser: Welcher Variante würden Sie den Vorzug geben? Welche Ethik ist kaltblütiger – diese oder jene? Sie werden feststellen, die Beantwortung dieser Frage sagt viel über einen selbst aus. Obwohl ich etwa mich selbst durchaus mit Überzeugung im grundsätzlich liberalen Lager verorte, würde ich mich hier umstandslos für die Variante der Pflichtenethik entscheiden. Wer gibt mir das Recht, über anderer Leben zu entscheiden? Welches Prinzip gibt mir das Recht, andere aus welchen hehren Motiven auch immer töten zu dürfen, ja mich sogar dazu verpflichtet zu sehen?

Mein deutscher Juristenkollege Ferdinand von Schirach hat diese ethische Fragestellung vor einigen Jahren in einem Theaterstück namens *Terror – Ihr Urteil* verdichtet, das im Jahre 2016 von einer großen deutschen öffentlichen Rundfunkanstalt verfilmt und mit enormem Erfolg gesendet wurde. Der Plot ist so einfach wie erschreckend real: Ein Passagierflugzeug mit fast zweihundert Menschen an Bord wird von einer Terrorgruppe gekapert. Diese droht, das Flugzeug in das voll besetzte 70 000 Besucher*innen fassende Fußballstadion von Bayern München stürzen zu lassen. Die Parallelen zu 9/11 drängen sich nicht zufällig auf. Ein Major der Luftwaffe, unser Protagonist, steht vor der schwersten Entscheidung seines Lebens: Schießt er die Maschine ab – und rettet Tausende Menschenleben? Oder lässt er den Dingen ihren Lauf – und sieht das voll ausgelastete Stadion mit den Flugzeuginsass*inn*en umkommen?

Er entscheidet sich nach utilitaristischen Grundsätzen für die Rettung der überwiegenden Personenanzahl. Er lässt gerade noch rechtzeitig die bereit gehaltene Rakete starten, die das Flugzeug vom Himmel holt und ohne weitere Schäden über einem Acker abstürzen lässt.

Die Zuseher*innen an den Fernsehschirmen zu Hause wie sonst im Theater durften abstimmen. War das Verhalten dieses Mannes ehrenhaft oder moralisch verwerflich? Mir liegt leider keine Statistik über die Abstimmungsergebnisse an den Theatern vor. Die Auswertung der Reaktionen auf die Fernsehsendung war jedoch überraschend eindeutig: Im gesamten Sendegebiet Deutschland-Österreich-Schweiz wurde das Verhalten des Bundeswehrangehörigen mit im Schnitt 85 Prozent (bei Abweichungen von insgesamt nur drei Prozent) moralisch gebilligt. Die überwiegende Mehrzahl hat sich daher ebenso konsequentialistischen Erwägungen angeschlossen und die Meinung geteilt, das Leben von 70 000 Personen überwiege dasjenige von nicht einmal zweihundert deutlich. Oder, um etwas zu differenzieren und die Sache nicht zu verkürzen, zumindest ausgesprochen, dass sein Verhalten nicht als strafwürdig zu missbilligen sei und unbedingt bestraft werden müsste.

Beides kann dasselbe sein, muss es jedoch nicht. Es kann klar unzulässige Verhaltensweisen geben, die allerdings – Beispiel: Wenn ich im Zuge eines gegen mich gerichteten Angriffs den Angreifer töte, um mich zu verteidigen – gerechtfertigt werden können.

Ein Schluss jedoch bleibt: Die klare Mehrheit des Publikums wollte dem Luftwaffenmajor keinen Schuldvorwurf machen.

Tatsächlich beruhen die Grundgedanken dieses Experiments auf Diskussionen, die im Deutschland des Jahres 2005 tatsächlich für Aufsehen gesorgt hatten. Das Luftsicherheitsgesetz hatte nämlich die Möglichkeit eines solchen Präventivabschusses vorgesehen. In diesem Sinne bedenkliche Flugkörper hätten abgeschossen werden dürfen, wenn die realistische Gefahr anzunehmen gewesen wäre, es könnte auf eine ähnliche Art und Weise davon Gebrauch gemacht werden. Die Motivation zur Schaffung dieser rechtlichen Grundlage war, siehe soeben, durchaus nachvollziehbar. Allein: Das Bundesverfassungsgericht hat diese Ermächtigung als verfassungswidrig aufgehoben. Die Begründung liegt auf der Hand: Menschenleben dürften nicht gegeneinander abgewogen und miteinander aufgewogen werden. Eine derartige Macht komme keinem Menschen, keiner Behörde, niemandem zu. Das Höchstgericht, aufgerufen, die grundlegenden Rechte aller Menschen in Deutschland zu schützen, hat hier ganz klar Position bezogen. Es gibt Werte, die höher stehen als Rechengrößen. Menschliches Leben zählt dazu.

Interessanter Weise lässt sich in den letzten Jahren ein anderslautender Trend ausmachen. Gerade im Zusammenhang mit Sterbehilfe haben die zunächst deutschen (Bundesverfassungsgericht Februar 2020) und österreichischen (Verfassungsgerichtshof Dezember 2020) Verfassungsgerichte übereinstimmend ausgesprochen, jede Person hätte das Recht, über den Wert des eigenen Lebens nach eigener Anschauung zu bestimmen und dieses auch nach eigenem Belieben zu beenden. Kündigt sich hier eine Revolution an? Ich meine schon. Auch wenn dieser Zug nicht in Richtung Konsequentialismus gelenkt zu werden scheint, so nimmt er doch Kurs auf eine modern-liberale, das menschliche Selbstbestimmungsrecht achtende Konzeption, in der altbekannte vorwiegend christlich konnotierte Stereotypen nicht mehr länger die bestimmende Rolle zu spielen scheinen.

Im gesamten westlichen Kulturkreis scheint der Konsequentialismus die doch deutlich überwiegend vertretene ethische Auffassung zu sein. In politischen Debatten finden sich zunehmend Hinweise auf mögliche Folgen, die unser Handeln voraussichtlich haben wird. Als Stichworte drängen sich sofort Überbevölkerung, die sich anbahnende Umweltkatastrophe, Artensterben und ein sich noch immer schneller drehender, keine Rücksicht auf auch menschliche Verluste an Ressourcen nehmender Neoliberalismus auf.

Ein besonders einflussreiches utilitaristisches Modell hat der US-amerikanische Moralphilosoph John Rawls (1921–2002) entwickelt. Sein Ausgangspunkt ist der moderne Mensch. Dieser ist, je nach dem Glück der Geburt, zu einem geringen Prozentsatz an Wahrscheinlichkeit privilegiert und in eine der reichen Industrienationen geboren worden. Einem solchen Mensch stehen tatsächlich fast alle Entwicklungschancen offen. Dieser hat die grundlegende Möglichkeit, sein Leben in einer für ihn befriedigenden Art und Weise zu führen. Für den überwiegenden Teil der Menschheit gilt dies jedoch nicht. Sich selbst in armen Gesellschaften, gar der Dritten Welt, geboren zu sehen, stellt kaum Entwicklungschancen zur Verfügung. Oft sind schon die Überlebenschancen alles andere denn positiv: Die Sterberaten für Säuglinge und insgesamt im Kindesalter sind noch immer hoch. Das Leben ist wesentlich ein täglicher Kampf ums Überleben. Welche Entwicklungsmöglichkeiten will etwa die siebte Tochter einer in der Sahelzone geborenen Großfamilie haben, in der sie – anders als einige Geschwister, die bereits in jungen Jahren verstorben sind – keine Schule besuchen kann, sich täglich durch gewaltsame Übergriffe seitens testosterongesättigter Clans ausgesetzt sieht und in einer Umgebung aufwächst, die man insgesamt nur als lebensfeindlich bezeichnen kann? Klimawandel ist dort kein Schlagwort, durch das sich manche bloß in ihrer Würde gekränkt sehen;

die Temperatur steigt untertags regelmäßig auf über 40 °C und erlaubt keine auf die planvolle Gestaltung der Zukunft gerichteten Aktivitäten. Der bestehende Wassermangel tut sein Übriges. Täglich muss unsere Protagonistin mit ihren Geschwistern weite Strecken zurücklegen, um Wasser für die Versorgung der Familie zu finden.

Rawls erkennt diese zum Himmel schreiende Ungerechtigkeit. Er propagiert das Modell des reflektiven Equilibriums: In seinem Hauptwerk *Eine Theorie der Gerechtigkeit* (1971) macht er uns bewusst, dass die Sprache von Moral eine zutiefst zeit- und ortsgebundene ist. Sprichwörtlich verkürzt: Wer einen vollen Magen hat, hat gut reden. Dann ist wohlfeil von Entwicklungschancen und einer selbst gestalteten Zukunft zu sprechen. Das gilt aber nur für einen kleinen Teil der Menschheit. Der Rest muss sich ganz anderen existenziellen Herausforderungen stellen, die keinen derartigen Luxus erlauben.

Wir sollten uns daher, so Rawls, gewissermaßen Scheuklappen anlegen, wenn wir über ethische Modelle von Gut und Böse nachdenken. Moral hat sich schon immer aus der sozialen Struktur heraus entwickelt, in der das Individuum verankert ist. Diejenige des klassischen Griechenlands mit den Proponenten Sokrates, Platon, Aristoteles und vielen mehr war zwangsläufig eine ganz andere als etwa jene des kriegerischen und von Armut verzehrten europäischen Mittelalters. Rawls verkürzt zwar nicht auf soziale Umstände. Er erkennt aber richtig, dass es Einflussfaktoren gibt, denen sich ein einzelner Mensch nicht entziehen kann und die ihn in seiner ganzen Persönlichkeit prägen.

Diese Scheuklappen, so empfiehlt er uns, sollen uns den unmittelbar auf uns wirkenden sozio-ökonomischen Einfluss unserer Umgebung auszugleichen helfen. Ein übergreifendes Modell der Gerechtigkeit kann man nur entwickeln, wenn dieses nicht von der eigenen gesellschaftlichen Einbettung abhängig ist. Zieht man allerdings den von ihm vorgeschlagenen „Schleier des Nichtwissens“ über das Auge der Selbstverankerung, wird man erkennen müssen, dass die Gnade der Geburt Lebenschancen äußerst ungerecht verteilt. Gerade im globalen

Maßstab wie auch individuell, unser jeweils eigenes Leben betreffend, kann die Idee der Gerechtigkeit nur bedeuten, einen grundlegenden Freiheitsbegriff zu denken. Allererster Ausfluss eines solchen muss es sein, so Rawls, jedem Menschen unabhängig von seiner jeweiligen tatsächlichen Verankerung in Zeit und Raum gedanklich gleiche Entwicklungschancen zuzubilligen. Erst wenn auf dieser Basis ethische Prinzipien entwickelt werden, können diese für sich in Anspruch nehmen, tatsächlich fair, ja gerecht zu sein.

Gerade dieser Ansatz nähert sich in wesentlichen Teilen der Ethik von Kant an. Er vereint die utilitaristischen Elemente des höchsten Glücks der höchsten Zahl und der Nutzenmaximierung durch Entwicklungschancen mit dem pflichtenethischen Grundsatz des Menschen als Wert an sich. Diese Konzeption hat gerade in den letzten Jahren enorme Bedeutung für globale Initiativen wie der internationalen Umweltbewegung erfahren.

Die Ethik des Konsequentialismus beziehungsweise Utilitaristismus kann insgesamt nachstehend zusammengefasst werden:

- Entscheidend ist nicht der Beweggrund einer Handlung, sondern die Maximierung des Glücks der größten Personenanzahl.
- Hier kommt es auf den wahrscheinlichen, abzuschätzenden Erfolg einer Handlung an. Dieser ist zum Zeitpunkt des Handlungsentschlusses beziehungsweise der Handlung selbst zu beurteilen.
- Glück wird ursprünglich im Sinne einer positiven Gefühlsempfindung verstanden, in letzter Zeit jedoch zunehmend im Sinne einer positiven Einsatz-Nutzen-Bilanz.
- Je nach vertretener Variante kann der gesellschaftliche Gesamtnutzen als Maßzahl oder der zu erzielende maximale Durchschnittsnutzen der Betroffenen infrage kommen.

Die Tugendethik: Gut ist der Charakter, der Gutes hervorbringen kann

Das letzte der großen Ethikmodelle, die den westlichen Kulturkreis leiten, ist jenes der Tugendethik. Dieses wurde Grund gelegt von den philosophischen Ahnherren Sokrates (469–399 v. Chr.), Platon (428–348 v. Chr.) und vor allem Aristoteles.

Letzterer, im europäischen Mittelalter bloß als *Der Philosoph* bekannt, ist im vorchristlichen Jahre 384 in eine Küstenstadt der griechischen Halbinsel Chalkidiki geboren worden. Wenn es jemals so etwas gegeben hat wie einen Universalgelehrten – Aristoteles zählt zu diesem Kreis. Bahnbrechende Erkenntnisse auf dem Gebiet der Naturwissenschaft, der Logik, Politikwissenschaft und Ethik sowie Dichtkunst sind unmittelbar auf seinen Schaffensdrang zurückzuführen.

In eine Arztfamilie hineingeboren, wurde er schon von früher Jugend an auf logisches Denken ausgerichtet. Der Grundgedanke einer jeden medizinischen Tätigkeit ist ja ein strikt vernunftbezogener: Auf welche Krankheit kann das vorliegende Symptom hinweisen? Wie kann eine solche Erkrankung behandelt werden? Verlässt man sich hier auf das Reich der Mythen, ist ein unwiederbringlicher Schaden rasch entstanden. Erkennt beispielsweise die Hausärztin nicht, dass meine Bauchschmerzen auf eine lebensbedrohliche innere Blutung zurückzuführen sein können – und nicht etwa nur auf Aufregung oder Angst beruhen –, wird sie mich wohl nicht zur weiteren Behandlung an einen Facharzt oder die Krankenanstalt weiter verweisen. Der Ratschlag, ich solle mich ausruhen und durchatmen, es sei bloß meine Körperenergie blockiert, wäre dann mit Sicherheit der falsche. Der Riss der Schlagader im Bauchraum erfordert einen sofortigen beherzten operativen Eingriff, bloßer emotionaler Zuspruch wird in diesem Fall fatale Konsequenzen zeitigen.

Berühmt geworden ist Aristoteles durch Lehrmeister des legendären Feldherrn und Welteroberers Alexander des Großen (356–323 v. Chr.). Seinen Platz in den Geschichtsbüchern hat er sich aber unabhängig davon gesichert: Er gilt völlig berechtigt als Begründer jeglicher Wissenschaft als System gebündelten Wissens und Kanalisierung unseres allzu menschlichen Drangs danach.

Die von ihm entwickelte Logik ist die Grundlage unseres Denkens. Seine Argumentationstheorie, die Lehre der Dialektik, wird noch immer weltweit an Universitäten gelehrt. Unser Verständnis von Literatur und Theater hat er mit den Konzeptionen der Komödie, die uns erheitern, und der Tragödie, die uns reinigen soll, geprägt. Staaten sollen Möglichkeiten bieten, menschliches Zusammenleben zum allgemeinen Vorteil zu organisieren. Auch dieser Gedanke leitet unsere gesellschaftliche Konstruktion bis heute.

Im Bereich der Moralwissenschaft zieht Aristoteles Lehren aus der Vergangenheit. Die Menschheitsgeschichte war ja auch in archaischen Zeiten durch den Kampf von Menschen und Mächten gegeneinander gekennzeichnet. Dieses Reich hatte gegen jenes gekämpft, Weltreiche (Mesopotamien – heute liegt dessen seinerzeitige Hauptstadt im Bereich um das nunmehrige irakische Bagdad; Ägypten etwa) waren herangewachsen, hatten zur Blüte der Menschheit geführt – und waren wieder untergegangen. Der Kampf um Ressourcen, der menschliche Eroberungswille und auch existenzielle Nöte hatten zu einem permanenten Ringen um die Vorherrschaft geführt.

Solche Extremismen lehnt Aristoteles zutiefst ab. Worum es ihm grundlegend geht, ist die rechte Mitte. Der *goldene Mittelweg*, als der uns dieser heute bekannt ist, erlaubt uns, den richtigen Weg durch alle Widrigkeiten des Lebens zu finden. Dies gilt sowohl im größeren Maßstab, die gesellschaftliche Entwicklung vor Augen, als auch unmittelbar auf uns selbst bezogen: Vernunft heißt auch für Aristoteles der Zentralbegriff.

Nach seiner Einsicht gibt es nämlich zwei Komponenten in uns, die uns antreiben wollen. Zum einen sind dies Impulse, die aus menschlichen Trieben, Launen, Vorlieben entstehen. Diese haben nicht unbedingt etwas mit einer vernünftigen Grundlage zu tun, üblicherweise ist das Gegenteil der Fall. Dem Spieltrieb nachzugeben, kann beispielsweise bedeuten, die eigene Existenz aufs Spiel zu setzen (man denke an Extremsport oder das Casino). Der andere Pol ist genau jene Vernunft, die sich dagegen ausspricht, den aktuellen Launen nachzugeben. Ist es vernünftig, mein Leben durch eine halsbrecherische Fahrt mit dem Mountainbike einen schmalen Bergpfad hinab zu riskieren? Alle finanziellen Möglichkeiten auch der Zukunft auf die Farbe Rot zu setzen? Die Vernunft hingegen erlaubt es uns, die Welt zu erkennen. Dies bezeichnet Aristoteles als unser Erkenntnisvermögen. Andererseits können wir durch dieses Wissen überlegen und Entscheidungen treffen (Reflexionsvermögen). Beide Äste kann man auch als theoretisches Denken und praktisches Verhalten bezeichnen.

Das theoretische Denken kann uns dazu bringen, richtige Handlungen zu vollbringen. Das gilt auch für das praktische. Der Unterschied zwischen beiden liegt darin, dass sie auf unterschiedlichen Ebenen operieren. Richtig im Sinne des theoretischen Zweigs bedeutet: der Sache nach angemessen, effizient, das angestrebte Ziel erreichen. Dieser Begriff auf praktischer Ebene hat jedoch die moralische Beurteilung vor Augen: Ist meine Handlung gut oder böse?

Immer schon war es Gegenstand des Nachdenkens gewesen, über richtig und falsch zu befinden. Aristoteles hat dies für alle Ewigkeit systematisch gefasst. Die theoretische Seite gibt den Weg zum Ziel vor, die praktische würdigt Weg und Ziel. Beides kann deckungsgleich sein, muss es aber nicht. Wenn der israelische Premierminister mit dem palästinensischen Präsidenten einen Friedensvertrag schließt – die Hoffnung darauf sollten wir nicht aufgeben –, dann ist diese Vorgehensweise im beiderlei genannten Sinne richtig. Sie ist einerseits geeignet, einen tatsächlichen Frieden zwischen diesen beiden Bevölkerungsgruppen herbeizuführen und somit theoretisch zu befürworten. Praktisch gilt dies ebenso, können doch durch diesen Friedenszustand jährlich Tausende Todesopfer verhindert werden, die ansonsten die Folge kriegerischer Auseinandersetzungen gewesen wären.

Die theoretische Richtigkeit kann jedoch von der moralischen dramatisch abweichen. Dies ist leider eine Lehre, die die moderne Welt gänzlich vergessen zu haben scheint. So kann es etwa aus strikt ökonomischen Gründen sinnvoll sein, auch weiterhin auf Atomenergie zu setzen. Errichtung und Betrieb von Atomkraftwerken erfordern zwar enorme Investitionen, Atomstrom kommt jedoch gleichmäßig und berechenbar aus der Steckdose (während Solarstrom von Zeiten des Sonnenscheins abhängt und Windenergie vom Windvorkommen). Dennoch bestehen äußerste Zweifel, ob der Energiegewinn durch Kernspaltung ethisch gut sein kann: Die Problematik der Endlagerung von nuklearen Abfällen haben wir noch immer nicht einmal im Ansatz geklärt, wir werden hier noch unzählige Generationen mit unseren Rückständen belasten. Von lebensbedrohlichen Risiken wie Atomunfällen ganz zu schweigen; die Folgen der Verseuchungen durch Tschernobyl und Fukushima werden uns noch auf Jahrhunderte begleiten.

Oberstes Ziel allen Handelns ist für Aristoteles die *eudaimonia*, die Glückseligkeit. Wie kann man diese erreichen? Durch die „vollendete Form von Bildung überhaupt", eine „Art innere Vollkommenheit". Das kann der Mensch durch Bildung erreichen. Wir kommen auf die Welt mit gewissen Gaben, die wir jedoch noch vervollkommnen müssen. Entsprechend der schon zuvor dargestellten Zweiteilung des Geistes in Intellekt und Moral muss auch diese Heranführung der Kinder und Jugendlichen zweifach erfolgen: Einerseits sind wir in die „ideale Geisteskultur" einzuführen, womit Aristoteles die Schärfung unserer intellektuellen Gaben meint. Dies entspricht der Bildung, die wir klassisch als solche verstehen: Wir lernen zu sprechen, zu rechnen, die Grundprinzipien der Naturwissenschaften Physik, Biologie und Chemie.

Andererseits ist unser Charakter durch permanente Übung unserer moralischen Fähigkeiten zu stärken. Der Charakter nämlich ist es, der uns in ein moralisch empfindendes und urteilsfähiges Wesen entwickeln kann. Dieser umfasst die Aspekte der Selbstbeherrschung, so vor allem der Zügelung der Genusssucht, des starken Willens, der „edlen Gefühle" und der andauernden Übung. Lateinisch wird das letztere Element auch heutzutage gerne als Habitus bezeichnet. Dabei handelt es sich um eine gefestigte Auffassung, die sich durch jahrelangen Gebrauch herausgebildet hat.

Aristoteles legt mit diesen Überlegungen die Grundlage für das, was wir heute als humanistische Erziehung bezeichnen. Deren Ziel ist die Heranbildung umfassend gebildeter, sowohl intellektuell geschulter als auch mitfühlender menschlicher Wesen. Nur solche, so betont der Philosoph mehrfach, sind in der Lage, das Ziel der Glückseligkeit zu erreichen: Dies sowohl auf individueller Ebene des Lebensglücks, als auch, darüber hinausgehend, in der glücksspendenden menschlichen Gemeinschaft.

Die Elemente seines Begriffs der Glückseligkeit lassen sich auf die menschliche Grundverfassung zurückführen. Auch Aristoteles fragt: Was unterscheidet den Menschen von seiner Umwelt? Auch wenn die Entscheidung ganz klar für die Vernunft ausfallen wird, fällt es schwer, diese Antworten näher zu erläutern. Wie muss sich Vernunft im Leben tatsächlich durchsetzen, fragt Aristoteles. Kant etwa, wie wir gesehen haben, sieht das Lebensprinzip unmittelbar an diese gebunden und beschränkt den individuellen freien Willen. Er hat ein klares Anwendungsprinzip vor Augen, das er in die Begriffe des Vernunftgesetzes und des kategorischen Imperativs fassen kann. Aristoteles ist hier zurückhaltender. Er nennt nur Zentralbegriffe, die es erlauben, eine Annäherung an das höchste Ziel der Glückseligkeit zu denken.

Im Verkehr mit anderen Personen ist es die nicht egoistische, freigiebige Freundschaft. Das unmittelbare menschliche Handeln muss edel sein, das rechte Maß finden. Dieses liegt immer in der Mitte zwischen zwei Extrembegriffen. Beispiel: die Charaktertugend der Tapferkeit. Wir können dies in seinem Sinne etwa als Mut begreifen, mit dem der griechische Feldherr der feindlichen Übermacht auf dem Kriegsschauplatz gegenübersteht. Hat dieser eine aristotelische Erziehung genossen, seinen Charakter und damit auch seinen Willen gefestigt, wird er der notwendigen Schlacht nicht ausweichen. Mangel der Charaktertugend der Tapferkeit ist nämlich die Feigheit. Ein feiger Mensch, der nicht über diese innerliche Stärke verfügt, wird die sprichwörtliche Flinte ins Korn werfen und flüchten. Auch das Übermaß der Tapferkeit ist allerdings abzulehnen: Die Tollkühnheit verleitet dazu, unabsehbare Risiken in Kauf zu nehmen, um das angestrebte Ziel zu erreichen. Ein tollkühner Feldherr würde mit vor Stolz geschwellter Brust, aber völlig rücksichtslos und ohne jegliches Risikobewusstsein gegen die Übermacht anstürmen – und damit nicht nur sein eigenes Leben und dasjenige seiner Mitstreiter, sondern auch das Schicksal seines Volks aufs Spiel setzen und jegliche Aussicht auf Ruhm zerstören.

Auch für andere Gegenstände der Betrachtung lassen sich derartige Schemata bilden. Für die Empathie sind dies Schwächlichkeit und Jähzorn, für die großherzige Gesinnung der Ehre Kleinmütigkeit und Eitelkeit, für das Empfinden Zügellosigkeit und Gefühlskälte. Insgesamt sind, wie diese Darstellung schon zeigt, die menschlichen Fähigkeiten besonnen zu handhaben.

Die aristotelische Tugendethik kann man daher nachstehend zusammenfassen:

- Wesentlicher Maßstab menschlichen Handelns ist die Vernunft.
- Vernünftig ist es, extreme Positionen zu vermeiden. Es ist wichtig, die Mitte zwischen diesen zu finden.
- Vernünftige Entscheidungen kann nur ein intellektuell und moralisch gebildeter Mensch treffen, der über einen gefestigten Charakter verfügt.
- Dieser Charakter wird sich von Aspekten der Besonnenheit, des Mitgefühls und der Weitsicht leiten lassen.

Die Medizinethik: prinzipienbasiert, aber einzelfallbezogen

Ein moderner Zweig in den Moralwissenschaften ist die Medizinethik. Diese beschäftigt sich ganz allgemein mit dem Verhältnis des Menschen zu seiner Gesunderhaltung. Der Begriff der Medizin deutet die Reichweite dieser Ethik schon an: Er umfasst die institutionalisierte Form der Gesundheit, dasjenige, was wir als Gesundheitswesen kennen.

Wesentliche Begründer dieses modernen Wissenschaftszweigs sind die US-amerikanischen Moralphilosophen Tom Lamar Beauchamp und James F. Childress. In ihrem Standardwerk der *Prinzipien der biomedizinischen Ethik* aus 1979 entwickeln sie eine prinzipienbasierte Ethik. Diese beruht auf vier wesentlichen Grundsätzen, die sich aus der Natur des Betreuungsverhältnisses Patient*in-Ärztin bzw. Arzt ergeben, sollen jedoch nicht anhand einer klaren Richtschnur das jeweils richtige Handeln vorgeben, sondern erlauben als bewegliches System die Berücksichtigung komplexer Situationen im Einzelfall.

Diese vier Prinzipien sind:

- Selbstbestimmung
- Schadensvermeidung
- Fürsorge
- Gerechtigkeit

Das Element der Autonomie hat in den letzten Jahren einen erheblichen Bedeutungszuwachs erfahren. Gerade die herkömmliche, althergebrachte Medizin vor Augen, lässt sich dies leicht begründen: Früher war der Paternalismus vorherrschend. Ärztinnen bzw. Ärzte waren durch jahrelanges Studium an Universitäten theoretisch ausgebildet worden, die praktische Umsetzung ist tagtäglich im Umgang mit erkrankten oder verletzten Personen geschult worden. Ärztliches Personal schuldete eine ordnungsgemäße Behandlung, im Fachjargon: eine solche *lege artis*. Wie einzelne Behandlungsentscheidungen getroffen wurden, blieb oft im Dunkeln. Man musste sich darauf verlassen, sich in die kompetenten Hände einer erfahrenen Person begeben zu haben; diese würde doch am besten wissen, wie die Krankheit behandelt oder die Verletzung geheilt werden könnte.

Aus diesen Zeiten, die noch gar nicht allzu lange zurückliegen, ist uns noch bestens ein Bild bekannt: Ärztinnen bzw. Ärzte im weißen Arbeitsmantel, das Stethoskop um den Nacken drapiert, aus der Brusttasche Kugelschreiber ragend, die Stirn in Sorgenfalten legend und über den Zustand der Patient*inn*en räsonierend. In ärztlichen Kreisen wird noch immer lächelnd dieser Zeiten gedacht, wenn vom „Weißkittel-Syndrom" die Rede ist: Dies ist bezeichnet die Aufregung von Patient*inn*en, die, den ärztlich gekleideten Profi vor sich, plötzlich eine Nervosität entwickeln, die Puls und Blutdruck durch die Decke gehen lässt!

Der entsprechende Wandel in Richtung Selbstbestimmung hat sich über die letzten Jahrzehnte entfaltet. *Informed Consent* lautet nun die Devise. Medizinethik und Medizinrecht hatten erkannt, dass es nun in den fortgeschrittenen modernen Gesellschaften nicht mehr angehen konnte, die Hilfe suchende Person informationell im Stich zu lassen. Nicht nur die optimale Heilbehandlung haben die Patient*inn*en verdient, so diese Auffassung, sondern auch eine profunde Information über Diagnose, Behandlungsmöglichkeiten und Erfolgsaussichten. Nur eine solche kann das Individuum, das ja ureigen durch die Krankheit betroffen ist und deren Leben möglicherweise auf dem Spiel steht, in die Lage versetzen, um selbst die möglicherweise bedeutsamste Entscheidung im eigenen Leben zu treffen. Man denke etwa an eine Krebsdiagnose. Der gesundheitliche Zustand ist sicherlich ernst; Behandlungsoptionen sind oft vielgestaltig. Man könnte sich für eine das Leben sehr beeinträchtigende, aber möglicherweise erfolgsträchtige Chemotherapie entscheiden. Oder man wählt einen konventionellen Weg der Symptombehandlung und hofft, das Krebsgeschehen möge sich rückbilden. Aktuelle Möglichkeiten der Gentherapie kommen flankierend hinzu. Manche werden sich auch dazu entscheiden, bloß eine Symptombehandlung wahrzunehmen oder eine Therapie überhaupt ablehnen; ihnen könnte doch die Behandlung bei ungewissen Erfolgsaussichten beschwerlicher erscheinen als das Leben mit der Erkrankung.

Alle diese Entscheidungsoptionen stehen grundsätzlich zur Verfügung, die Entscheidung selbst liegt beim betroffenen Individuum. Eine solche ist auch nicht zu kritisieren. Es ist nun allseits unumstritten, dass jede/r jede Behandlungsmöglichkeit ablehnen kann, auch wenn dies zum Tod führen könnte. Ein autonomes Subjekt hat jederzeit selbst die Bestimmungsmacht über das eigene Leben und die eigene Gesundheit, wie nun auch richtungsweisende Erkenntnisse des deutschen Bundesverfassungsgerichts und des österreichischen Verfassungsgerichtshofs zur Sterbehilfe in jüngster Zeit gezeigt haben.

Autonomie in diesem Sinne ist daher liberal und nicht als an höhere Zwecke gebundene Verpflichtung zu verstehen. Autonomie heißt: faktische Selbstbestimmung. Anders als bei Kant ist diese hier nicht absoluten Zwecksetzungen verpflichtet, sondern ausschließlich dem individuellen Gutdünken überlassen. Anders gewendet: Behandlungen können auch dann abgelehnt werden, wenn ein vernünftiger Mensch dies nicht nachvollziehen kann.

Das grundlegende Prinzip des Nicht-Schaden-Wollens, auch als Schadensvermeidung bekannt, geht auf eine lange medizinethische Erkenntnis zurück. *Primum non nocere* als Grundsatz ist bereits vor Jahrtausenden überliefert worden. Das allererste Prinzip einer jeglichen therapeutischen Tätigkeit muss es sein, der/dem Patient*in nicht zu schaden. In den letzten Jahrzehnten hat diese Einsicht noch besondere Bedeutung gewonnen: Die Welt ist nach den Exzessen des nationalsozialistischen Terrorregimes nicht mehr dieselbe. Tausende von hilflosen Menschen sind im Rahmen der „Euthanasiepraxis" in verschiedenen „Heilanstalten" zu Tode gebracht worden; die Aktion „T4" ist noch in schrecklicher Erinnerung. Geistig, körperlich oder mental beeinträchtigte Personen waren solch einer „Sonderbehandlung" unterzogen worden, die regelmäßig mit dem Tod geendet hat. Berüchtigt der Arzt Josef Mengele: Dieser hatte Tausende Menschenversuche zu verantworten – und seine Opfer regelmäßig mittels einer Benzinspritze ins Herz getötet.

Menschenversuche sind jedoch nicht nur aus Diktaturen überliefert. Auch in den Vereinigten Staaten sind solche bis in jüngste Zeit hin immer wieder bekannt geworden. Viel diskutiert wurde etwa auch der ärztliche Einsatz in Abu Ghraib und Guantanamo. Die Anwendung „verschärfter Verhörmethoden" durch Ärztinnen bzw. Ärzte war kein Ruhmesblatt dieser sendungsbewussten Supermacht, die ja nach eigener Darstellung die Demokratie in die Welt tragen wollte. Und das noch lange vor Donald Trump.

Ich muss klarstellen: Ein staatliches Tötungssystem ist natürlich nicht im Ansatz mit medizinischen Versuchen zu vergleichen. Selbst Menschenversuche können vom Ansinnen getragen sein, der Menschheit zu helfen. Man denke an Medikamente, auch und gerade im Zusammenhang mit Covid-19. Solche müssen an einer Vielzahl von Personen getestet werden, um als sicher gelten zu können. Der Nationalsozialismus hat andere Ziele verfolgt, nämlich die Ausrottung ganzer Menschengruppen. Der Hinweis auf diese historischen Gräueltaten ist aber deswegen wichtig, um die historische Entwicklung dieses Prinzips des *Primum non nocere* verstehen zu können: Gerade nach dem dargestellten Exzessen sehen wir Eingriffe in die gesundheitliche Integrität von Menschen wesentlich kritischer. In den letzten Jahrzehnten haben wir in den entwickelten Demokratien verstanden, dass sogar ein wohlgemeintes Ziel nicht alle Mittel rechtfertigen kann. Gerade auch pharmakologische und therapeutische Entwicklungen sind daher nur unter strengen Voraussetzungen am Menschen zu erproben.

Mit diesem Prinzip ist daher klargestellt, dass medizinische Maßnahmen, die eine unverhältnismäßige Schädigung von Menschen in Kauf nehmen, schon im Ansatz unzulässig sind. Solche könnten durch individuelle Zustimmung der Proband*inn*en zwar erlaubt werden; auch dann ist allerdings Voraussetzung, dass diese zuvor umfassend aufgeklärt wurden und sich daher der entsprechenden Risiken bewusst sind. In aller Regel wird ihnen das eigene Risiko finanziell abgegolten werden. Im Einzelfall kann es sich aber auch so verhalten, dass diese gerne Behandlungsmöglichkeiten in Anspruch nehmen, auch wenn sie noch unerprobt sein sollten, um Krankheitsbilder behandelt zu sehen, die man ansonsten nicht in den Griff bekommen kann. Komplexe Krebstherapien wären hier ein Beispiel oder jüngst: Covid-19.

Die spiegelbildliche Kehrseite dieses Grundsatzes ist jener der Benefizienz, oder mit einem sprachlich schönen deutschen Wort auch als Fürsorge bekannt. Dieses Prinzip vereint die Aspekte der Empathie, des Wohltuns, der Menschenliebe, ja vielleicht der Gnade. Kommt uns das bekannt vor? Das wird es, wenn wir die Erörterungen zum Utilitarismus noch im Kopf haben. War es dort das größte Glück der größten Zahl, steht hier zwar nur ein Individuum, nämlich das zu behandelnde, im Zentrum. Der Maßstab, den man auf diese Person anwendet, ist jedoch derselbe: der individuelle Nutzen. Therapeutische Behandlungen sollen der zu behandelnden Person von Nutzen sein. Dieses Element geht über das soeben genannte noch hinaus: Ist Schadensvermeidung dazu verpflichtet, durch die Maßnahme einen Schaden zu meiden, bemüht sich Fürsorge aktiv darum, einen Vorteil zu bringen.

Wie schon oben anlässlich des Prinzips der Autonomie diskutiert, wurde dieser Grundsatz oft paternalistisch interpretiert. Ärztinnen bzw. Ärzte haben die Ausbildung und Erfahrung, um Krankheiten zu heilen und Verletzungen zu kurieren. Das Hilfe suchende Volk ist auf diese Fähigkeiten angewiesen und möge gefälligst das Wie nicht hinterfragen – entscheidend sei doch das Was, nämlich die (angestrebte) Heilung. Den Patient*inn*en hier noch des Langen und Breiten erklären zu müssen, welche therapeutischen Schritte aus welchem Grund gesetzt werden, bringt doch sprichwörtlich Sand ins Getriebe. Der Erfolg zählt, nicht der Weg zu diesem.

Diese Auffassung hat sich glücklicherweise gewandelt. Ärztinnen bzw. Ärzte und Patient*inn*en werden nun als Partner*innen einer Beziehung angesehen, die auf Vertrauen angewiesen ist. Rechtlich wird nun von einem Behandlungsvertrag ausgegangen: Die ärztliche Seite schuldet gewissenhafte Betreuung, die patientische nimmt diese vertrauensvoll entgegen. Beide Teile sollen aktiv an den Heilungsbemühungen mitwirken; boykottiert eine, ist das Ziel gefährdet.

Das Prinzip der Gerechtigkeit schließlich gewinnt zu bestimmten Zeiten massiv an Bedeutung. In solchen des Mangels stehen nur beschränkte Ressourcen an Medikation, Behandlungsplätzen, ärztlicher Betreuung und dergleichen zur Verfügung. Ein etabliertes Gesundheitssystem hingegen verfügt über eine Unzahl an therapeutischen Möglichkeiten; wöchentlich kommen neue hinzu. Es gibt zum Glück kaum mehr Krankheitsbilder, die nicht insoweit in den Griff bekommen werden können, um der betroffenen Person eine lebenswerte Lebensführung zu ermöglichen. Elaborierte Krebstherapien kosten aber Unsummen. Diese belasten in aller Regel die öffentliche Hand, da das Gesundheitssystem zumindest im deutschsprachigen Raum wesentlich durch das Steueraufkommen finanziert wird.

Maßnahmen der Deregulierung infolge des Neoliberalismus, den vor allem die britische Premierministerin Margret Thatcher und der US-Präsident Ronald Reagan propagiert hatten, haben jedoch zu erheblichen Einsparungen im staatlichen Bereich geführt. Der Staat solle sich zunehmend in Richtung eines sogenannten Nachtwächterstaates zurückziehen und Wohlfahrtsleistungen, die sozialistische/sozialdemokratische Regierungen unter Willy Brandt, Helmut Schmidt und Bruno Kreisky angeboten hatten, wieder zurückfahren. Der Markt könne beinahe jede Versorgungsleistung wesentlich effektiver und effizienter erbringen, als dies das holprige staatliche System jemals könne; die Figur des Homo oeconomicus lässt grüßen.

Gesundheitskassen und Sozialversicherungen sind daher nicht mehr mit unerschöpflichen Mitteln ausgestattet. Sie alle unterliegen dem Sparzwang; Behandlungsmaßnahmen, die über ein vorgegebenes Ausmaß hinausgehen, sind gesondert zu bewilligen – oder werden abgelehnt.

Das Prinzip der Gerechtigkeit besagt daher zentral, dass grundsätzlich jeder Person eine geeignete medizinische Behandlung mit gleichem Anspruch zukommen soll, jedoch dies das Gesamtsystem nicht über Gebühr beanspruchen darf. Auch hier ist die Abwägung eine utilitaristische: Wird etwa einer Person eine Gentherapie bewilligt, deren Finanzierung einen siebenstelligen Betrag erfordert, kann dies bedeuten, einigen hundert anderen Hilfebedürftigen notwendige Routinebehandlungen versagen zu müssen. Hier ist abzuwägen: ist dies vertretbar?

Beauchamp und Childress verstehen dieses System nicht

starr. Es gibt keine Rangfolge der Wertigkeit der Prinzipien. Keines steht daher über den anderen, alle sind grundsätzlich gleich bedeutsam. Je auf den Einzelfall bezogen sind sämtliche heranzuziehen und müssen in der Fallbeurteilung zu Wort kommen. Einmal wird das Prinzip der Autonomie überwiegen – wenn es etwa um eine neuartige Behandlung geht, die noch über keine Evidenz der Erfolgsquote verfügt, hier wird der Informed Consent der betroffenen Person entscheiden –, ein anderes Mal wiederum etwa die Gerechtigkeit – im Beispielfall: Diese Behandlung würde die onkologische Station einer Spezialklinik auf eine Woche binden und für diesen Zeitraum sämtliche Behandlungsmöglichkeit anderer Patient*inn*en ausschließen, was ethisch nicht befürwortet werden kann.

Der Vorteil dieses Systems liegt daher auch auf der Hand: Es kann flexibel auf den Einzelfall abgestellt werden und bringt immer verwertbare Ergebnisse. Der Nachteil ist jedoch auch nicht zu vernachlässigen: Eine derartige Abwägung könnte willkürlich erscheinen, da die Entscheidung letzten Endes immer auf die Würdigung der beurteilenden Stelle ankommt. Jene, menschenfreundlich eingestellt, könnte im Zweifel mit einem Übergewicht auf die Fürsorge pro Behandlung entscheiden; eine andere, konservativ-zurückhaltend, experimentelle Therapien grundsätzlich verweigern.

Diese prinzipienbasierte Spezialethik hat weltweit Furore erlangt und ist aktuell zumindest für den westlichen Kulturkreis bestimmend. Sie hat Eingang in die ärztliche Ausbildung gefunden und dient auch als Grundlage der rechtlichen Handhabung des Behandlungsvertrags. Sie ist daher auch eine Richtschnur zur Beurteilung der Angemessenheit ärztlichen Handelns wie ebenso für die staatliche Allokation von Gütern für das Gesundheitswesen (Bereitstellung von Ressourcen).

Die medizinethischen Erkenntnisse von Beauchamp und Childress will ich daher nun zusammenfassen:

- Entscheidend ist der jeweilige Einzelfall, der als solcher für sich betrachtet werden muss.

- Es gibt vier gleichwertige Elemente, die ärztliches und gesundheitsbehördliches Vorgehen bestimmen:
  - o Autonomie der Patient*inn*en,
  - o Schadensvermeidung,
  - o Fürsorge und
  - o Gerechtigkeit.
- Sämtliche sind im Einzelfall zu prüfen und nach Gestaltung der Sachlage zu würdigen, um ein der Sache angemessenes Ergebnis zu erbringen.

Ist eine Impfpflicht moralisch zulässig/erforderlich?

Ausgestattet mit diesem Wissen sind wir in der Lage, die Welt durch die Augen der herrschenden Ethikmodelle zu betrachten. Hilft uns dies durch den Dschungel, den uns Covid-19 aufgezwungen hat? Können uns diese Grundlagen einen Weg zeigen, unter größtmöglicher Schonung individueller wie auch universaler Bedürfnisse und Interessen eine für uns alle befriedigende Lösung zu finden?

Ich bin davon überzeugt, dass nur die Ethik eine solche Möglichkeit eröffnet. Die Politik, von uns gewählt, gibt, hat sie das Siegel der Gesetzgebung in der Hand, Verhaltensnormen vor, die durch die letztlich politisch besetzten Verwaltungsinstitutionen umgesetzt werden und von uns beachtet werden müssen. Natürlich ist eine wesentliche programmatische Aufgabe der Politik darin gelegen, bei Normsetzung und Durchsetzung eine eigene ethische Gebundenheit nicht aus den Augen zu verlieren. Lassen Sie uns keine Kulturpessimist*inn*en sein, aber: Eine solche Verankerung wird gelegentlich beiseitegedrängt oder ganz unterdrückt, wie ein Blick in so manche Nachbarstaaten zeigt.

Verhaltensnormen werden in der Sprache des Rechts kommuniziert, durch Gesetze, Verordnungen oder individuelle Entscheidungen. Sie bestimmen unser Verhalten durch äußeren Druck: Verweigern wir uns einer Kooperation, werden wir zur Sanktion gezogen. Unerheblich bleibt, ob wir uns freiwillig, mit dem Ausdruck der Zustimmung fügen oder nur widerstrebend, die Faust in der Tasche geballt.

Recht verlangt daher nach Befolgung und nicht primär nach Billigung. Will Recht dauerhaft gelten, muss es allerdings allgemein anerkannt werden. Dies ist der sogenannte Rechtsfrieden: Stellen größere Bevölkerungskreise die Geltung des Rechts – da dieses nicht mehr als fair empfunden wird, zeitgemäß oder gerecht – infrage, kann dies zu sozialen Revolten bis hin zur Revolution führen; die schon genannten europäischen Verfassungsrevolutionen legen davon beredtes Zeugnis ab.

Es gibt eben aber noch eine wesentliche richtende Instanz, die nicht unmittelbar dem prüfenden Blick des Rechts ausgesetzt ist: es ist dies die Moral. Sie ist das auf den vorangegangenen Seiten dargestellte System von Haltungen, die in unserem Inneren wohnen und unser Handeln anhand von deren Maßstäben leiten. Recht und Moral sind nicht dasselbe. Es gibt unzählige Verhaltensweisen, die rechtlich gestattet sind, die wir allerdings als unmoralisch empfinden können: Man denke etwa an ehelichen Betrug. Manche werden dies in der modernen Welt für kein Problem halten und sich nicht daran stoßen, andere jedoch dies als gravierenden Vertrauensbruch einer lebenslangen Bindung sehen. Oder umgekehrt: Eine Geschwindigkeitsüberschreitung mag einigen moralisch nicht verwerflich erscheinen, wenn keine anderen Personen dadurch gefährdet werden. Das Recht sieht dies anders.

Normen der Moral werden als natürliche Rechtsgrundsätze auch im Recht anerkannt. Moralische Grundwertungen dienen auch generell als Rechtfertigung rechtlicher Grundsatzentscheidungen. Wir müssen daher auch, das Grundthema dieses Buches vor Augen, fragen: Wäre eine Impfpflicht moralisch-ethisch zulässig?

a. Pflichtenethik

Mit Immanuel Kant werden wir die Fragestellung konkretisieren: Wie wäre diese Festlegung vor dem Hintergrund seines kategorischen Imperativs zu sehen? Zunächst: Nach seiner Pflichtenethik ist das menschliche Leben ein Wert an sich, das grundlegend über allen anderen Werten steht. Er selbst schränkt dies in seinen Schriften teilweise ein, wenn ein menschenwürdiges Leben zu leben unwiederbringlich gefährdet wäre. Ich denke, derartige Ausschlüsse brauchen wir hier nicht zu diskutieren, in den modernen Gesellschaften drohen wir nicht auf der Galeere zu landen oder, vom tollwütigen Hund gebissen, durch unseren wahnhaften Krankheitsrausch und völlig von Sinnen das Leben anderer Menschen zu bedrohen.

Der spezifizierte kategorische Imperativ könnte nachstehend formuliert werden:

„Ich handle nach der Einsicht, in Zeiten der grassierenden Covid-19-Pandemie bei stockender allgemeiner Impfbereitschaft zu leben und im Wissen, dass eine maximale allgemeine Durchimpfung der Bevölkerung besten Schutz für Gesundheit und Leben anderer Mitmenschen bietet. Ich bin daher bereit, auch wenn ich vom Nutzen einer Impfung nicht überzeugt bin oder durch diese sogar eine Gefährdung meiner Person fürchte, mich impfen zu lassen. Ich bin mir dessen bewusst, dass in diesem extremen historischen Ausnahmefall meine individuellen Interessen gegenüber den allgemeinen zurückstehen müssen, da auf andere Art und Weise Freiheitsbeschränkungen für eine größere Anzahl von Menschen notwendig sein würden und auch diese bei Weitem nicht jenen Erfolg garantieren würden, den eine Impfung bietet."

Ist diese These, die eine Übereinstimmung mit der Kantischen Pflichtenethik behauptet, plausibel? Die Interessen, die hier auf dem Spiel stehen und miteinander ringen, sind klar zu benennen: Es ist dies einerseits die individuelle Freiheit, genauer gesagt die körperliche Integrität, die durch einen Impfstich und die vorangegangene Überwindung des eigenen Willens beeinträchtigt werden würde. Auf der anderen Seite sind es Gesundheit, Leben und nicht zuletzt Freiheit von anderen Menschen. Diese letzteren Werte können effektiv nur durch eine hohe Durchimpfungsrate der Bevölkerung maximal gesichert werden. Liegt eine solche nicht vor, sind Tausende Todesopfer und Abertausende Kranke logische Folge, von notwendigen Konsequenzen wie abermaligen Lockdowns und Maskenpflicht ganz zu schweigen.

Der kategorische Imperativ verlangt von uns, nur solche Maximen zu setzen, von denen wir wünschen könnten, diese auch andere Menschen gutheißen. Sollten wir nun der Auffassung sein, unser eigenes Freiheitsinteresse stünde über allem, würde dies bedeuten: Erstens lasse ich mich nicht impfen, wenn ich dieses nicht einsehe. Zweitens muss aber dann auch allen anderen Personen das Recht zustehen, dies genauso zu sehen. Drittens wäre dann in jedes Menschen freie Entscheidungsmacht gestellt, ob er sich impfen lässt oder nicht, was viertens konsequent den Willen jeder anderen Person übertrumpfen würde, da durch die individuelle Entscheidung allgemein relevante Fakten geschaffen werden. Es ist nämlich nochmals zu betonen: Verweigern größere Gruppen eine Impfung, kann Herdenimmunität nicht erreicht werden – oder nur auf dem Rücken zahlloser weiterer Todesopfer. Können wir aber nun tatsächlich wollen, dass unser eigenes Leben letzten Endes vom Zufall bestimmt wird? Vom Zufall nämlich, eine unbestimmte Zahl anderer Menschen über unsere Gesundheit entscheiden zu lassen, je nachdem, ob diese sich impfen lassen oder nicht?

Ich denke, die Antwort muss in unserer aufgeklärten, von verantwortungsvollen Individuen bevölkerten Gesellschaft klar auf Nein lauten. Natürlich würde postwendend der Einwand erhoben werden, das ganze Leben sei von Zufällen gekennzeichnet. Trifft uns eine Krankheit, wird uns dies teilweise als Schicksalsschlag erscheinen, den wir nicht klar auf eigenes Verhalten zurückführen können. Stößt uns ein Fahrzeug nieder, haben wir vielleicht auch nichts getan, um das zu bewirken, und können das auch selten vorhersehen. Aber, und das ist der wesentliche Unterschied zu derartigen Gestaltungen: Covid-19 ist ein Geschehen, das uns nun schon jahrelang bekannt ist. Die derzeitige Entwicklung kommt nicht aus dem heiteren Himmel. Wir konnten uns darauf einstellen – und haben die Macht, etwas zu ändern!

Immanuel Kant hätte mit Sicherheit ausgerufen: „Besinne

Dich Deines eigenen Verstandes!" Dieses Motto kann man nur vehement wiederholen. Besinnen wir uns unseres eigenen Verstandes! Dazu gehört, sich an die Tatsachen zu halten. Und diese sind eindeutig.

Es liegt an uns, wir haben es in der Hand, Covid-19 den Schrecken zu nehmen und ein wiederum freies Leben zu führen. Dies mag für einige von uns einen Verzicht auf gewohnte Freiheiten bedeuten. Auch das sind wir aus den letzten Monaten jedoch schon zur Genüge gewohnt.

Wägt man die einzelnen Freiheitseinschränkungen ab und würdigt die Chancen, die uns eine hohe Durchimpfungsrate bietet, wird das Pendel nach der Kantischen Pflichtenethik eindeutig zugunsten einer Impfpflicht ausschlagen.

b. Utilitarismus

Der konsequentialistisch-utilitaristische Standpunkt hatte demgegenüber nach dem größten Glück der größten Zahl gefragt. Dieser Ethik liegt Verantwortung für andere daher schon als eigentliches Definitionselement zugrunde. Hier fällt die Antwort relativ einfach: Verweigern wir uns einer durchgängigen Impfung, wird sich das Pandemiegeschehen weiterhin je nach Modell nachhaltig bis rasend ausbreiten. Lassen wir uns impfen, können wir dieses zumindest eindämmen, ja vielleicht unterbinden.

Welche Personengruppe wird nun größer sein: Jene, die von einer derartigen Begrenzung des Schreckens profitiert oder diejenige, die sich durch die Impfung in den Freiheitsrechten beeinträchtigt sieht? Diejenige, die an Covid erkrankt und zu einem guten Teil Dauerfolgen davonträgt oder sogar stirbt, oder die andere, die einen Impfstich erdulden muss? In der bereits mehrfach angesprochenen Studie der Hochschule Mittweida, die von täglichen Infektionen in Millionenhöhe alleine für Deutschland ausgeht, ist die Antwort eindeutig. Das Segment der in der Gesundheit durch nachlässiges oder rücksichtsloses Verhalten anderer bedrohten Personen wird immer um ein Vielfaches höher sein als jene der Skeptiker*innen. Aktuelle Erhebungen sprechen von bis zu fünfzehn Prozent der

Bevölkerung, die eine Impfung gänzlich ablehnen, und fünf bis zehn Prozent, die sich gegen sämtliche Covid-Maßnahmen stellen.[87] Auch die Maßzahl des Glücks ist eine jeweils deutlich unterschiedliche: Im einen Fall kann dies jene sein, über das die verweigernde Person verfügt, keinen Eingriff in die eigene Körpersubstanz dulden zu müssen; im anderen Fall steht letztlich das Leben der Person auf dem Spiel. Nach vernünftigen Maßstäben werden wir einem Freiheitsinteresse, dessen Beeinträchtigung nur geringfügige Folgen nach sich zieht, nicht im Ansatz erlauben, ein solches, das Leben gefährdet, zu relativieren.

Auch das Urteil des Konsequentialismus fällt daher eindeutig in dieser pandemischen Extremsituation zugunsten einer Pflicht zur Impfung aus.

c. Tugendethik

Wie könnte ein tugendhafter Charakter beschaffen sein, der sich dieser globalen pandemischen Katastrophe gegenübersieht? So muss die Frage lauten, die Covid-19 an die Tugendethik heranträgt.

Zunächst hätte uns Aristoteles wohl geraten, stark zu bleiben. Nicht den Verstand zu verlieren, sondern sich auf die eigenen menschlichen Fähigkeiten zu verlassen. Er hat es als Tugend betrachtet, sich selbst zu bilden. Dies liegt seiner gesamten Ethik als leitendes Prinzip zugrunde: Sich durch permanente Übung einen Charakter herauszubilden, der gute, moralisch richtige Entscheidungen erlaubt.

Sich zu bilden, benötigt aber Information, die zur intellektuellen Aufnahme vorbereitet, verdichtet und als Wissensbestandteil abgespeichert werden kann. Die theoretische Seite seines Menschenbilds ist diejenige, die über Wissen verfügt. Wenn wir dieses im Anwendungsfall abrufen können, handeln wir im technischen Sinne richtig. Im moralischen tun wir das dann, wenn wir nachhaltige, mit unserer Menschenbildung in Übereinstimmung stehende Entscheidungen treffen.

Wesentlich ist auch für ihn das Element der Gerechtigkeit.

Auch Aristoteles verfolgt ein mittel- bis langfristiges Ziel und gibt sich keinesfalls mit kurzfristig wirksamen Entscheidungen zufrieden. Der moralisch wertvolle Habitus soll ja gerade die Basis für ein glückliches Leben legen.

Schon daraus lässt sich allerdings schließen, dass eine Verweigerung einer Impfung, so sinnvoll diese auch epidemiologisch sein mag und auch ist, nach seinen Maßstäben nur unvernünftig und ungerecht, ja Folge einer unbedeutenden Laune sein kann. Diesem Impuls nachzugeben, mich zu verweigern, entspricht eben nur dem Nachgeben einer Laune. Durchdenke ich jedoch die sich mir darbietende Situation gründlich und verantwortungsvoll, werde ich zum Ergebnis kommen, dass ich mich um meiner und insbesondere auch der anderen willen impfen lassen muss. Letztes Ziel der aristotelischen Ethik ist die Aufrechterhaltung eines staatlichen Systems, das ein Zusammenleben gebildeter, wertvoller Charaktere garantiert. Ein solches kann es aber nur geben, wenn es nicht aus verängstigten, jederzeit eine schwere Infektion mit vielleicht tödlichen Folgen fürchtenden oder egoistischen Einzelwesen besteht.

Das Fazit der Tugendethik lautet daher ebenso klar zugunsten der Impfung und erforderlichenfalls einer Verpflichtung dazu.

d. Medizinethik

Das Versprechen des medizinethischen Ansatzes nach Beauchamps und Childress lautet, nicht starre Prinzipien vorzugeben, sondern lebbare Lösungen für die tatsächliche Lebenswirklichkeit anzubieten. Es sollte daher nicht allzu schwerfallen, dieses auf die aktuelle Situation im Zusammenhang mit Covid-19 anzuwenden. Tatsächlich jedoch zeigt sich, dass die Beurteilung etwas schwieriger ist, als dies bei den beiden Ansätzen nach Kant und des Utilitarismus der Fall ist: Diese verfügen nämlich über nur ein Prinzip, das zur Entscheidung führt, der vorliegende jedoch über mehrere. Die Grundsätze der Autonomie, der Schadensvermeidung, der Fürsorge und der Gerechtigkeit sollen ja gleichberechtigt zum Zuge kommen – und erst im Rahmen der Gesamtwürdigung dem einen oder anderen Element der Vorzug gegeben werden, je nach Gestaltung des Einzelfalls. Es wird daher sinnvoll sein, diese Aspekte nacheinander zu prüfen und im Anschluss die abschließende Beurteilung vorzunehmen.

Die beiden Elemente, die sich sofort in diesem Rahmen aufdrängen, sind diejenigen der Selbstbestimmung und der Gerechtigkeit. Kann ich über meinen Körper selbst bestimmen, ausschließlich durch meine Person die Frage pro und contra Impfung entschieden wissen; erscheint es gerecht, die Gesamtgesellschaft letztlich von derartigen individuellen Entscheidungen in ihrer Existenz abhängig zu sehen? Dies sind die prinzipiellen Positionen, zwischen denen die gegenständliche Bruchlinie verlaufen wird.

Versteht man das Prinzip der Autonomie im modernen liberalen Sinn, wird man ausschließlich die individuelle Entscheidungsfreiheit vor Augen haben. Momente der Gebundenheit des Willens, die für Kant die maßgebliche Rolle gespielt hatten, werden im Rahmen dieses Systems im Zuge der Gerechtigkeitsprüfung einfließen. Das Element der Autonomie soll nach seiner Definition das Individuum in die Lage versetzen, eine selbstbestimmte Entscheidung verantwortungsvoll zu treffen. Nicht einer Beurteilung unterliegt aber, ob andere Personen diese Meinung teilen (können) oder ob dies vernünftig erscheint.

Wir müssen daher fragen: Ist ein Informed Consent, eine wohlinformierte Entscheidung, für das Individuum möglich? Und zutreffendenfalls: Worauf könnte dieser lauten?

Ich habe bereits mehrfach argumentiert, dass das Thema Auswirkungen und Schutz vor Covid-19 das eigentliche bestimmende der letzten Monate gewesen ist. Es ist kein Tag vergangen, an dem nicht aktuelle Inzidenzzahlen wichtigster Gegenstand der Hauptnachrichten im Hörfunk, der Tageszeitungen und anderer seriöser Medien gewesen sind. Für das Individuum bestanden daher mehr als genügend Möglichkeiten, sich grundlegend zu informieren und informiert zu halten. Ich denke daher, man wird anerkennen müssen, dass ein entsprechender Wille informiert gebildet werden konnte.

Schwieriger wird es fallen, den Inhalt dieses Willens näher zu bestimmen. Manche werden die Auffassung vertreten, die eigene körperliche Integrität keinesfalls durch eine Impfung beeinträchtigen zu wollen, einige eine solche grundsätzlich als riskant ablehnen. Andere wiederum – wozu ich mich zähle – allerdings der Überzeugung sein, dass eine Impfung gegen ein schwerwiegendes Krankheitsbild nicht nur sinnvoll ist, sondern höchst notwendig, um einerseits die eigene Person vor den Folgen einer Infektion zu schützen wie auch andererseits andere nicht zu gefährden. Welche Auffassung hier richtig ist, liegt ausschließlich im Auge der betrachtenden Person. Die Autonomie fragt ja nur danach, ob eine selbstbestimmte Entscheidung möglich ist – und zutreffendenfalls, inwieweit dieses Element zu würdigen ist. Ersteres trifft zu, Letzteres hängt vom Einzelfall, der je individuellen Person, ab.

Gerechtigkeit als zu würdigender Faktor wird das – konsequentialistische – Gemeinwohl als Allgemeininteresse vor Augen haben. Was könnte dem allgemeinen Nutzen besser entsprechen: eine Impfpflicht oder keine? Diese Frage habe ich soeben beantwortet. Der Totalitarismus, dem sich genau diese Fragestellung ergeben hatte, hat sich für eine solche Verpflichtung ausgesprochen.

Die Momente der Fürsorge und der Schadensvermeidung führen zu einem teilweise widersprüchlichen Bild. Während das Gebot des Nichtschadens mögliche Risiken für die konkrete Einzelperson wie auch die Allgemeinheit vor Augen hat, wird jenes der Fürsorge vor allem Letztere betreffen. Beginnen wir mit der Fürsorge: Fürsorglich handelt, wer das Wohl anderer verfolgt, sich um diese kümmert, sich diesen gegenüber empathisch verhält. Wie wäre Empathie gegenüber anderen Mitmenschen im Zusammenhang mit Covid-19 zu sehen? Ein solches Mitgefühl kann wohl vernünftigerweise nur bedeuten, sich um deren gesundheitliches Wohlergehen zu sorgen. Wenn man hier Nutzen und Risiken abwägt, wird letztlich die Motivation, andere vor den Folgen einer möglichen Infektion zu schützen, im Zentrum stehen.

Das Gebot der Schadensvermeidung transportiert ebenso ein solches Interesse, allerdings spiegelverkehrt betrachtet. Ich will, berücksichtige ich dieses, andere Personen, soweit es in meiner Macht steht, davor schützen, gesundheitliche Nachteile durch eine Infektion zu erleiden. Allerdings umfasst dieser Aspekt auch eine individuelle Komponente: Ein Schaden könnte ja auch mir drohen. Als Kandidaten für einen solchen kommen zwei völlig unterschiedliche in Betracht: besagtes Risiko der eigenen Infektion – aber auch mögliche Impfschäden.

Der aktuelle, auf wissenschaftlichen Erkenntnissen basierende und in seiner Richtigkeit weitestgehend abgesicherte Forschungsstand besagt, dass die Impfrisiken im Vergleich zu denen, die durch eine Infektion bedingt werden, nur einen geringen Bruchteil Letzterer ausmachen. Sich nicht zu impfen, bedingt deutlich größere Gefahren für Gesundheit und Leben, als sich impfen zu lassen.

Im Fundus für die Entscheidungsfällung anhand dieser Prinzipien der Medizinethik sind daher folgende Momente vorzufinden:

- Schadensvermeidung, Fürsorge, Gerechtigkeit: pro Impfpflicht (die mögliche Schädigung durch eine Infektion überwiegt).
- Autonomie: Hier ist der Befund nicht eindeutig; im einen Fall kann die bloße Tatsache der freien individuellen Entscheidungsbildung überwiegen, im anderen das Gesundheitsinteresse.

Wir verfügen daher über ein klares Gesamtbild: Die überwiegenden Merkmale sprechen sich für eine Impfpflicht aus, eines bleibt unentschlossen. Selbst wenn man den Grundsatz der Selbstbestimmung überwiegend gewichten würde – was angesichts einer existenziellen Bedrohung der gesamten Menschheit durch eine Pandemie, die wir zu unseren Lebzeiten noch niemals erleben mussten, ohnedies ernsthaft hinterfragt werden müsste –, würden noch immer die Mehrzahl der anderen Prinzipien für eine Impfpflicht votieren.

Das Fazit muss daher redlicherweise lauten: Auch die prinzipienbasierte Medizinethik nach Beauchamp und Childress argumentiert für eine Impfpflicht.

Insgesamt fällt das Urteil demnach eindeutig aus. Die herrschenden ethischen Modelle der Pflichtenethik, des Konsequentialismus und der aktuellen Medizinethik erlauben nicht nur eine Pflichtimpfung gegen Covid-19 im derzeitigen Zeitpunkt der grassierenden Pandemie vorzusehen, sondern befürworten eine solche ausdrücklich.

Schlussbemerkung

Eines, was mich die Niederschrift dieser Gedanken gelehrt hat, hat mich doch überrascht: Auch wenn sich die polaren Positionen in der Impffrage geradezu unversöhnlich diametral gegenüberzustehen scheinen – gibt es nicht einen wesentlichen Punkt, in dem beide Lager übereinstimmen?

Ich meine, dieser könnte das Bewusstsein sein, grundsätzlich in Freiheit über seinen eigenen Körper verfügen zu können. Das ist für mich eine Erkenntnis, die schon an und für sich viel wert ist. Jahrtausende lang hatten gerade Frauen für das Recht auf Abtreibung gekämpft. „Ich bestimme über meinen eigenen Körper!" war der wesentliche Leitspruch. Gerade in den Vereinigten Staaten operieren die diesbezüglichen Überzeugungen im Herz der Demokratie. „Pro Life" lautet jene der vorwiegend in der Republikanischen Partei verankerten Gegner*innenschaft, „Pro Choice!" derjenige der Befürworter*innen, mit wenigen Ausnahmen in der Demokratischen Partei organisiert.

Das Impfthema scheint daher weltoffene, liberale Geister mit konservativen, prinzipienbewussten in einer Kernthematik zu verbinden (ohne dass ich jetzt eine dieser Beschreibungen einem konkreten Lager zuordnen möchte).

Warum ich dies schreibe? Weil es mir daran gelegen ist, auf Augenhöhe zu kommunizieren. Ich möchte nicht belehrend wirken, sondern überzeugen. Ich denke, ein wesentlicher Fehler der staatlichen Kommunikationsstrategie im Rahmen von Covid-19 ist darin gelegen, Menschen vor der Wahrheit schützen zu wollen. Zu einem guten Teil mag diese sicherlich einem noch immer verankerten Paternalismus zu verdanken sein – man könnte jedoch auch die Auffassung vertreten, es wären ebenso starke maternalistische Züge auszumachen.

Im Gegensatz zum Paternalismus, der autoritär anordnet und unbedingte Gefolgschaft verlangt, bevormundet der Maternalismus auf eine andere Weise: Dieser ist dem hier mehrfach prominent behandelten Nudging eng verwandt. Er will nicht befehlen, sondern sanft drängen. Er will die Einsicht des Individuums, unsere freiwillige Verpflichtung, ein gewisses

Lebensmodell zu leben. Er gibt eine Wirklichkeit vor, die unbestritten anerkannt werden soll – und zu dessen vorgestelltem Lebensvollzug keine Alternative bestehen soll.

Tatsächlich hat Covid-19 gezeigt, dass das allgemeine gesellschaftliche Vertrauen in den Staat und dessen Institutionen in den letzten Jahren erodiert ist. Dafür werden sicherlich strukturelle Entwicklungen einen guten Teil der Verantwortung tragen. Als Zeitgenoss*inn*en der Postmoderne wissen wir, dass alle Gewissheiten zu einem guten Teil zeit- und ortsgebunden sind. Was gestern noch galt, unumstößlich und ewig wahr schien, kann heute schon als überkommenes Relikt gelten und dem nächsten Paradigma Platz machen.

Wenn sich Regierungen in dieser wenig beneidenswerten Situation einer epochalen Gesundheitskrise, in der wir uns zweifellos befinden, nun sicherlich mit den besten Absichten daran machen, uns durch diese zu steuern, allerdings gleichzeitig vernachlässigen, Grundlage und Begründung des eigenen Handelns zu erklären, verwundert es nicht, wenn solche Vorgaben als Anordnungen im besten Falle befolgt, jedoch nicht verstanden werden. Die bereits durch das pandemische Geschehen verunsicherte Adressatin dieser Maßnahmen, die überforderte Bevölkerung, wird in ihrem Vertrauen noch weiter destabilisiert, wenn widersprüchliche Signale gesendet werden.

Beispiel: Masken. Ich rufe in Erinnerung: Frühjahr 2020, „Masken bringen nichts und verschaffen nur die Illusion eines Schutzes",[88] weswegen von deren Einsatz abgeraten wird. Wenige Monate später: Allgemeine Maskenpflicht, diese sind nämlich höchst wirksam und können das Risiko einer Infektion deutlich eindämmen.[89] Das Wissen, dass zuerst ganz einfach zu wenige Masken vorhanden gewesen waren (da augenscheinlich Bestellungen erst verspätet erfolgt sein dürften), während sich in der Folge manche durchaus der Politik nahestehende Glücksritter*innen mit „Maskendeals" nette Summen im Zuge von überstürzten Bestellvorgängen verdient haben dürften, hat jedenfalls zur Etablierung allgemeiner vertrauensvoller Zuversicht nicht beigetragen.

Wie man politische Kommunikation in Krisenzeiten richtig

macht, hat Neuseeland gezeigt.[90] Dieses Land, das muss einschränkend klargestellt werden, hat das geographische Glück, eine Insel zu sein. Eine solche kann leicht von externen Einflüssen abgeschottet werden, die Abwehr von Infektionseinflüssen ist vergleichsweise einfach möglich. Die Premierministerin Jacinda Ardern hat, allerdings davon abgesehen, jeden einzelnen Schritt ihrer Covid-Politik erklärt, immer und immer wieder. Sie hat zur Entscheidungsfindung die maßgebliche Expertise nicht nur ihres Staates, sondern auch darüber hinaus eingebunden, und ihre Entscheidungen daran ausgerichtet.

Die neuseeländische Bevölkerung hat sich, davon überzeugt, zum überwiegenden Großteil an den Covid-Eindämmungsmaßnahmen beteiligt. Die Partei der Premierministerin hat bei den letzten Wahlen, durch die auch über die Entwicklungen in der Pandemie-Politik befunden werden konnte, einen überragenden Sieg erringen können.

Ardern hat paternalistische wie maternalistische Methodiken vermieden. Sie hat zu jeder Zeit den sprichwörtlichen Klartext gesprochen, auch wenn die staatlichen Vorgaben nicht für alle Bewohner*innen einfach umzusetzen waren. So waren etwa die verhängten Lockdowns von einer Schärfe, die die uns bekannten bei Weitem übertroffen haben. Die Bevölkerung hat dies dennoch mit Vertrauen und einem Wahlsieg gedankt.[91]

Hierzulande allerdings hat man sich eher auf das Verfügen denn auf das Erklären verlagert. Kritiker*innen wurden damit abgekanzelt, diese Maßnahmen wären alternativlos. Dies hat auch Raum für allerhand alternative Erklärungsansätze gegeben, die von vielen Mitmenschen dankbar angenommen wurden. Der Hunger nach Information war riesig – und da dieser nicht von öffentlichen Stellen gestillt werden konnte, suchte man andere Quellen.

Ich fürchte, dies ist eine zutreffende Kurzbeschreibung der Situation, die wir nun vorfinden. Wir befinden uns in einem fortgeschrittenen Stadium einer erschreckenden Pandemie. Wir wiegen uns in trügerischer Sicherheit. Viele von uns sind nun geimpft und überzeugt davon, nicht mehr an Covid-19 erkranken zu können. Dies ist allerdings ein Trugschluss, wie uns die aktuelle Studienlage zeigt: Trotz vollen Impfschutzes ist es – gerade dank der verschiedenen Varianten – noch immer möglich, infiziert zu werden. Und: Wir können dann das Virus weitergeben. Wir sollten nun alle aufgrund der vorangegangenen Monate zumindest in Grundzügen mit dem Phänomen eines exponentiellen Wachstums vertraut sein. Liegen die Reproduktionszahlen in einem höheren Bereich, kann jeder Infizierte mehrere andere Personen anstecken. In einem solchen Fall explodieren die Ansteckungsraten.

Es ist daher rasches und energisches Handeln notwendig. Ansonsten werden uns die Varianten Wellen bescheren, die in ihrer Dramatik an die berüchtigte zweite Welle vom Winter 2020/2021 heranreichen können. Aktuelle Modellberechnungen gehen davon aus, dass die dortigen Zahlen sogar noch deutlich übertroffen werden könnten: Die Hochschule Mittweida spricht von über einer Million (!) Infizierten täglich alleine in Deutschland.

Ist es hier noch zweckmäßig, eine weitere Informationskampagne zu starten? Hier könnte man ja durchaus erfolgsträchtig am eigenen Freiheitsbewusstsein ansetzen. Wenn ich frei und selbstbestimmt leben will, muss es doch meinem eigenen Interesse entsprechen, rasch an einem Ende der Pandemie mitzuwirken! Ich fürchte allerdings, die Versäumnisse der Vergangenheit können wir nun nicht mehr sanieren. Das Vertrauen der Bevölkerung ist teilweise derart niedrig, dass solche Versuche verpuffen dürften. Es wird allerdings sicherlich Sinn machen, die Impfmöglichkeiten so niederschwellig wie denkbar anzubieten. Damit könnten noch jene abgeholt werden, die vielleicht nur bequem sind und denen der Weg zu einer Impfstation zu mühsam gewesen sein könnte. Dies wird jedoch nichts daran ändern, dass nach wie vor ein erheblicher Prozentsatz der Bevölkerung die so notwendige Impfung gegen Covid-19 verweigern wird.

Es wäre völlig falsch, angesichts dieser Situation die Hände in den Schoß zu legen und das Virus gewähren zu lassen. Wir sollten nicht dem sprichwörtlichen Kaninchen gleich vor der Schlange Covid-19 erstarren, im Gegenteil: wir müssen handeln! Hier geht es nicht nur um unser eigenes Leben. Sowohl Recht als auch Moral sagen uns übereinstimmend, dass wir in unseren modernen Gesellschaften auch Risiken eingehen dürfen, die unser eigenes Leben gefährden. Wenn auch manchmal unvernünftig, so doch zu akzeptieren.

Meine eigene Freiheit endet jedoch dort, wo ich diejenige anderer beeinträchtigen kann. Mein eigener Lebensvollzug ist damit begrenzt, nicht in die Lebensfähigkeit anderer eingreifen zu dürfen. Nichts anderes bedeutet es allerdings, die Impfung zu verweigern: Wir wissen nun alle (oder müssten dies zumindest, wenn wir uns kompetent informieren), dass eine Impfung derjenigen Bevölkerungsteile, die noch nicht geimpft sind, sich allerdings aus medizinischen Gründen impfen lassen können, das Infektionsgeschehen massiv eindämmen und so viele Todesopfer und von der Krankheit Betroffene verhindern kann. Im besten Fall kann dies zur örtlichen Herdenimmunität führen – und die Seuche wäre dort bis auf Weiteres passé. Das gilt umso mehr im weltweiten Maßstab: Wenn wir Covid-19 endgültig den sprichwörtlichen Garaus machen wollen, müssen wir konsequent durchimpfen.

Dies vor Augen, befürworten sowohl unsere rechtliche Verankerung als auch unsere moralisch-ethische Einbettung die Verpflichtung, sich impfen zu lassen. Uns als Angehöriger reicher europäischer Gesellschaften ist es zuzumuten, das Leben anderer schutzbedürftiger Personen, die sich nicht impfen lassen können, zu schützen. Die Risiken einer Impfung sind gering und im Verhältnis zur dargestellten Bedeutung für die Allgemeinheit geradezu zu vernachlässigen.

Es wird daher nötig sein, sich dieser Frage sowohl im großen Maßstab der Politik als auch im denkbar kleinen meines eigenen Gewissens zu stellen. Nehme ich das vergleichsweise kleine Risiko einer Impfung in Kauf und akzeptiere den schmerzlosen Stich in meine Schulter – oder will ich dafür mitverantwortlich sein, die Pandemie aufrechtzuerhalten und damit erlauben: das Leben von Mitmenschen aufs Spiel zu setzen, unser Wirtschaftssystem, unsere staatliche Ordnung und letztlich unser aller Lebensgrundlagen?

Ich denke, wir werden uns einig sein – und uns, wenn noch *nicht geschehen, impfen lassen!*

Endnoten

1 WHO Coronavirus (COVID-19) Dashboard via: https://covid19.who.int/ [20.7.2021, 21:30].
2 Covid: Bolsonaro tells Brazilians to 'stop whining' as deaths spike (5.3.2021) via: https://www.bbc.com/news/world-latin-america-56288548 [20.7.2021, 23:30].
3 Ärzteblatt, Indien: Weltweit höchste Zahl an Coronatoten an einem Tag (19.5.2021) via: https://www.aerzteblatt.de/nachrichten/123962/Indien-Weltweit-hoechste-Zahl-an-Coronatoten-an-einem-Tag [18.7.2021, 21:45].
4 Die häufigsten Corona-Fake-News via: https://www.mdr.de/medien360g/medienwissen/bildergalerie-corona-fakenews-100.html [17.7.2021, 06:20]; Faktencheck via: https://correctiv.org/faktencheck/coronavirus/ [17.7.2021, 05:50].
5 Die Tageszeitung, Das Blöken der Schlafschafe (10.10.2020) via: https://taz.de/Die-Wahrheit/!5717183/ [12.7.2021, 05:30].
6 Bundeszentrale für politische Bildung, Die „Wahrheit" in Zeiten von Corona. Verschwörungstheorien und Mythen rund um das Virus via: https://www.bpb.de/gesellschaft/medien-und-sport/306942/corona-und-verschwoerungstheorien [29.7.2021, 23:50].
7 Wulf Rohwedder, Bhakdi, die Juden und das „Erzböse" (14.7.2021) via: https://www.tagesschau.de/investigativ/bhakdi-antisemitismus-101.html [22.7.2021, 23:15]. Der Standard, Verschwörungserzähler Hildmann ruft zu bewaffnetem Widerstand gegen „Judenrepublik" auf (29.3.2021) via: https://www.derstandard.at/story/2000125434547/verschwoerungserzaehler-attila-hildmann-ruft-zu-bewaffnetem-widerstand-gegen-die-judenrepublik [31.7.2021, 15:00].
8 Christian Allner, Mythen, Fake News, Verschwörungstheorien: In der Bubble, in: Der Standard (22.6.2020) via: https://www.derstandard.at/story/2000117796076/mythen-fake-news-verschwoerungstherorien-in-der-bubble [20.7.2021, 12:00].
9 Was uns wirklich krank macht (22.6.2010) via: https://www.faz.net/aktuell/feuilleton/debatten/digitales-denken/informationsueberflutung-was-uns-wirklich-krank-macht-1595689.html [13.7.2021, 22:45].
10 COVID-19: Impfung und Herdenimmunität (14.7.2021) via: https://deximed.de/home/klinische-themen/reisemedizin-impfungen/patienteninformationen/impfungen/covid-19-impfung-und-herdenimmunitaet/ [15.7.2021, 04:40].
11 Aktueller Impfstatus via: https://impfdashboard.de/#:~:text=Aktueller%20Impfstatus,%25)%20mindestens%20eine%20Impfdosis%20erhalten. [20.7.2021, 18:55].
12 Corona-Schutzimpfung in Österreich Dashboard via: https://info.gesundheitsministerium.at/ [20.7.2021, 19:20].
13 Ullrich Fichtner, Mit Vollgas in die Impflücke, in: Der Spiegel 29/2021 (17.7.2021), S. 14 ff.
14 Israel meldet erstmals seit Januar 10.000 Corona-Neuinfektionen, in: Welt (26.8.2021) via: Corona aktuell: Israel meldet mehr als 10.000 Neuinfektionen - WELT [26.8.2021, 16:45].
15 Milena Hassenkamp et.al., Die Illusion platzt, in: Der Spiegel 29/2021 (17.7.2021), S. 10 ff.
16 Robb Butler, Vaccine Hesitancy: what it means and what we need to know in order to tackle it via: https://www.who.int/immunization/research/forums_and_initiatives/1_RButler_VH_Threat_Child_Health_gvirf16.pdf [30.7.2021, 15:00].
17 Zitiert nach: Max Tegmark, Life 3.0. Being human in the Age of Artificial Intelligence (London 2017), S. 82.

18 Derrick Bryson Taylor, A Timeline of the Coronavirus Pandemic, in: The New York Times (17.3.2021) via: https://www.nytimes.com/article/coronavirus-timeline.html [21.7.2021, 23:50].
19 Denise Gellene, Overlooked No More: June Almeida, Scientist Who Identified the First Coronavirus, in: The New York Times (8.5.2020) via: https://www.nytimes.com/2020/05/08/obituaries/june-almeida-overlooked-coronavirus.html [21.7.2021, 23:40].
20 WHO, Summary of probable SARS cases with onset of illness from 1 November 2002 to 31 July 2003 (24.7.2015) via: https://www.who.int/publications/m/item/summary-of-probable-sars-cases-with-onset-of-illness-from-1-november-2002-to-31-july-2003 [20.7.2021, 18:20].
21 Ryan Syrek, Trending Clinical Topic: COVID Brain Fog, in: Medscape (26.2.2021) via: https://reference.medscape.com/viewarticle/946292?src=mbl_msp_iphone&ref=email [26.7.2021, 19:30].
22 Robert Koch-Institut, SARS (Schweres Akutes Respiratorisches Syndrom) (16.1.2020) via: https://www.rki.de/DE/Content/InfAZ/S/SARS/SARS.html [16.7.2021, 21:00].
23 Martin Enserink, SARS: Chronology of the Epidemic, in: Science 339, Nr. 6125 (2013), S. 1266–1271.
24 Gilbert C. Gee / Michael S. Spencer, / Juan Chen / David Takeuchi, A Nationwide Study of Discrimination and Chronic Health Conditions Among Asian Americans, in: US National Library of Medicine (07/2007) via: https://www.ncbi.nlm.nih.gov/pmc/articles/PMC1913081/ [28.7.2021, 17:45].
25 Sinologie Heidelberg Alumni Netzwerk, Corona, Fledermäuse, Labore und Verschwörungstheorien (24.3.2020) via: https://www.zo.uni-heidelberg.de/sinologie/shan/nl-archiv/2020_NL102_1.html [24.7.2021, 19:30].
26 Wolfgang Gesierich, Asymptomatische Patienten haben relativ schwache Immunantwort auf SARS-CoV-2, in: Pneumo News. 2020; 12(6): S. 10 ff via: https://www.ncbi.nlm.nih.gov/pmc/articles/PMC7556757/ [26.8.2021, 14:40].
27 Robert Koch-Institut, Epidemiologischer Steckbrief zu SARS-CoV-2 und COVID-19 via: https://www.rki.de/DE/Content/InfAZ/N/Neuartiges_Coronavirus/Steckbrief.html [29.7.2021, 22:10].
28 Landeszentrale für politische Bildung Baden-Württemberg, Welche Folgen hat Corona für die Wirtschaft? via: https://www.lpb-bw.de/wirtschaft-und-corona [21.7.2021, 15:10].
29 Saskia Heinze, Die bösen Tricks der Delta-Variante: Wie konnte das Coronavirus noch gefährlicher werden?, in: Redaktionsnetzwerk Deutschland (25.7.2021) via: https://www.rnd.de/gesundheit/delta-variante-wie-konnte-das-coronavirus-noch-gefaehrlicher-werden-LO4ZTYHGXBGDFL3V3NOMGGOLCY.html [29.7.2021, 23:20].
30 Julie Steenhuysen / Alistair Smout / Ari Rabinovitch, How the Delta Variant Upends Assumptions About the Coronavirus, in: Medscape (27.2.2021) via: https://www.medscape.com/viewarticle/955399?src=mbl_msp_iphone&ref=email [28.7.2021, 23:55].
31 Karl Lauterbach, Diskussionsbeitrag in der Radiosendung „kontrovers“ des deutschlandfunk vom 9. August 2021: Streit um Corona-Maßnahmen – Was hilft gegen die Vierte Welle? via: https://www.deutschlandfunk.de/kontrovers.1768.de.html [13.8.2021, 16:00].
32 Rainer Radtke, Statistiken und Zahlen zur Corona-Pandemie 2019-2021, in: statista.de (29.7.2021) via: https://de.statista.com/themen/6018/corona/ [29.7.2021, 14:00].

33 Marcia Frellick, US COVID Cases Likely Undercounted by Up to 60%, New Model Shows, in: Medscape (28.7.2021) via: https://www.medscape.com/viewarticle/955594?src=mbl_msp_iphone&ref=email [29.7.2021, 22:15].
34 RegioWiki.at, Chronologie der Corona-Krise in Österreich via: https://regiowiki.at/wiki/Chronologie_der_Corona-Krise_in_%C3%96sterreich [22.7.2021, 22:50].
35 Birgit Baumann, Ischgl brachte Deutschland das meiste Unheil, in: Der Standard (27.5.2020) via: https://www.derstandard.at/story/2000117736538/ischgl-brachte-deutschland-das-meiste-unheil [29.7.2021, 14:30].
36 Brenda Goodman, Chance That COVID-19 Vaccines Are Gene Therapy? ‚Zero', in: Medscape (16.7.2021) via: https://www.medscape.com/viewarticle/954955?src=mbl_msp_iphone&ref=email [21.7.2021, 19:50].
37 Robert Koch-Institut, Aufklärungsmerkblatt zur Schutzimpfung gegen COVID-19 (Corona Virus Disease 2019) – mit mRNA-Impfstoffen – (Comirnaty® von BioNTech / Pfizer und Spikevax® ®, ehemals COVID-19 Vaccine Moderna von Moderna) (20.7.2021) via: https://www.rki.de/DE/Content/Infekt/Impfen/Materialien/COVID-19-Aufklaerungsbogen-Tab.html [30.7.2021, 14:10].
38 Isabelle Viktoria Maucher, Unterschiede der Corona-Impfstoffe, in: Gelbe Liste Pharmindex (18.12.2020) via: https://www.gelbe-liste.de/nachrichten/unterschiede-corona-impfstoffe [28.7.2021, 15:50].
39 Paul-Ehrlich-Institut, Covid-19-Impfstoffe. Wissenswertes kompakt via: https://www.pei.de/DE/newsroom/dossier/coronavirus/coronavirus-inhalt.html?cms_pos=2 [30.7.2021, 12:50].
40 Marcia Frellick, ‚Gold Standard' Study Confirms COVID mRNA Vaccines Prevent Infection, in: Medscape (21.7.2021) via: https://www.medscape.com/viewarticle/955162?src=mbl_msp_iphone&ref=email [28.7.2021, 22:40].
41 Pushkala Aripaka, AstraZeneca Finds Small Clot Risk After 1st COVID Shot, Less After 2nd, in: Medscape (28.7.2021) via: https://www.medscape.com/viewarticle/955544?src=mbl_msp_iphone&ref=email [28.7.2021, 23:45].
42 Damian McNamara, Second mRNA Dose Safe After Allergic Reaction to First: Study, in: Medscape (26.7.2021) via: https://www.medscape.com/viewarticle/955437?src=mbl_msp_iphone&ref=email [28.7.2021, 21:00].
43 Robert Koch-Institut, Digitales Impfquotenmonitoring zur COVID-19-Impfung (30.7.2021) via: https://www.rki.de/DE/Content/InfAZ/N/Neuartiges_Coronavirus/Daten/Impfquoten-Tab.html [30.7.2021, 14:20].
44 Our World in Data, Coronavirus (COVID-19) Vaccinations via: https://ourworldindata.org/covid-vaccinations?country=OWID_WRL [30.7.2021, 13:50].
45 Germany: Coronavirus Pandemic Country Profile via: https://ourworldindata.org/coronavirus/country/germany [26.8.2021, 17:00].
46 Austria: Coronavirus Pandemic Country Profile via: https://ourworldindata.org/coronavirus/country/austria [26.8.2021, 16:20].
47 Ullrich Fichtner, Mit Vollgas in die Impflücke, in: Der Spiegel 29/2021 (17.7.2021), S. 14-20. Israel meldet erstmals seit Januar 10.000 Corona-Neuinfektionen, in: Welt (26.8.2021) via: Corona aktuell: Israel meldet mehr als 10.000 Neuinfektionen - WELT [26.8.2021, 16:45].
48 Frankfurter Allgemeine Zeitung, Frankreich führt Impfpflicht für Gesundheitspersonal ein (12.7.2021) via: https://www.faz.net/aktuell/politik/ausland/corona-impfpflicht-fuer-gesundheitspersonal-in-frankreich-17434900.html [23.7.2021, 19:45].
49 Frank-Ulrich Montgomery im Gespräch mit Dirk-Oliver Heckmann, Montgomery kritisiert Merkels Nein zu Corona-Impfpflicht, deutschlandfunk (14.7.2021)

via: https://www.deutschlandfunk.de/weltaerztebund-vorstand-montgomery-kritisiert-merkels-nein.694.de.html?dram:article_id=500217 [19.7.2021, 15:20].
50 Beck-aktuell, Strafen für Impfversäumnisse keine Menschenrechtsverletzung. Zu EGMR, Urteil vom 08.04.2021 - 47621/13; 3867/14; 73094/14; 19306/15; 19298/15; 43883/15 (8.4.2021), via: https://rsw.beck.de/aktuell/daily/meldung/detail/egmr-strafe-nach-impfversaeumnissen-keine-menschenrechtsverletzung [12.7.2021, 19:50].
51 Kassian Stroh, Wer sich für eine Impfpflicht ausspricht - und wer nicht, in: Süddeutsche Zeitung (26.7.2021) via: https://www.sueddeutsche.de/politik/corona-impfpflicht-deutschland-impfung-debatte-1.5363395 [27.7.2021, 13:45]. Salzburger Nachrichten, Corona: Schaffen wir es ohne Impfpflicht? (26.7.2021) via: https://www.sn.at/panorama/oesterreich/corona-schaffen-wir-es-ohne-impfpflicht-107087803 [27.7.2021, 16:00].
52 Anja Pfeiffer, Der Umgang mit dem Unbekannten – Wahrnehmung, Deutung und Bewältigung der ‚Attischen Pest' im klassischen Athen (9.10.2020) via: https://grk1919.hypotheses.org/987 [30.7.2021, 22:20].
53 Stefan Kaufmann, Impfen. Grundlagen, Wirkung, Risiken (München 2021), S. 12 f.
54 Roger Seiler, Pest, in: Historisches Lexikon der Schweiz (27.9.2010) via: https://hls-dhs-dss.ch/de/articles/007980/2010-09-27/ [17.7.2021, 19:30].
55 Robert Koch-Institut, Pocken (14.9.2018) via: https://www.rki.de/DE/Content/InfAZ/P/Pocken/Pocken.html [23.7.2021, 23:10]. Stefan Kaufmann, Impfen. Grundlagen, Wirkung, Risiken (München 2021), S. 13 ff. Deutsche Apothekerzeitung, Medizingeschichte: Geschichte der Schutzimpfung 17/2003.
56 Deutsche Apothekerzeitung, Medizingeschichte: Geschichte der Schutzimpfung 17/2003, Stefan Kaufmann, Impfen. Grundlagen, Wirkung, Risiken (München 2021), S. 13 ff.
57 Stefan Kaufmann, Impfen. Grundlagen, Wirkung, Risiken (München 2021), S. 16 f.
58 Stefanie Grossmann, Von Pocken bis Corona: Die Geschichte des Impfens (3.5.2021) via: https://www.ndr.de/geschichte/chronologie/Von-Pocken-bis-Corona-Die-Geschichte-des-Impfens,impfen446.html [21.7.2021, 23:30].
59 Stefan Kaufmann, Impfen. Grundlagen, Wirkung, Risiken (München 2021), S. 18 f.
60 Stefan Kaufmann, Impfen. Grundlagen, Wirkung, Risiken (München 2021), S. 20 ff.
61 Stefan Kaufmann, Impfen. Grundlagen, Wirkung, Risiken (München 2021), S. 22 f. Stefanie Grossmann, Von Pocken bis Corona: Die Geschichte des Impfens (3.5.2021) via: https://www.ndr.de/geschichte/chronologie/Von-Pocken-bis-Corona-Die-Geschichte-des-Impfens,impfen446.html [21.7.2021, 23:30].
62 Stefan Kaufmann, Impfen. Grundlagen, Wirkung, Risiken (München 2021), S. 24 f.
63 Ronald D. Gerste, Die Heilung der Welt. Das Goldene Zeitalter der Medizin 1840-1914 (Stuttgart 2021), S. 373 ff.
64 Franz Metzger, Die Spanische Grippe (11/20128) via. https://www.g-geschichte.de/neuzeit/spanische-grippe/ [21.7.2021, 23:40]. Spanische Grippe, Pocken, Corona. So enden Pandemien (8. 9. 2020) via: https://www.quarks.de/gesundheit/medizin/so-enden-pandemien/ [20.7.2021, 22:15].
65 Laura Pavlidis in Michael Holoubek / Georg Lienbacher (Hrsg.), Charta der Grundrechte der Europäischen Union. GRC-Kommentar[2] (Wien 2019), Rz. 23 zu Art. 2, S. 35.

66 Laura Pavlidis in Michael Holoubek / Georg Lienbacher (Hrsg.), Charta der Grundrechte der Europäischen Union. GRC-Kommentar[2] (Wien 2019), Rz. 28 bis 32 zu Art. 2, S. 36 ff, bietet hier einen Überblick über die reichhaltige Rechtsprechung mit Nachweisen.
67 Laura Pavlidis in Michael Holoubek / Georg Lienbacher (Hrsg.), Charta der Grundrechte der Europäischen Union. GRC-Kommentar[2] (Wien 2019), Rz. 31 zu Art. 2, S. 38. Weiters Jens Mayer-Ladewig / Bertold Huber in: Jens Meyer-Ladewig / Martin Nettesheim / Stefan von Rauma (Hrsg.), EMRK. Europäische Menschenrechtskonvention, Handkommentar[4] (Baden-Baden 2017), Rz. 7 zu Art. 2, S. 68, Rz. 13 ff zu Art. 2, S. 70 ff.
68 Laura Pavlidis in Michael Holoubek / Georg Lienbacher (Hrsg.), Charta der Grundrechte der Europäischen Union. GRC-Kommentar[2] (Wien 2019), Rz. 53 zu Art. 4, S. 54.
69 Jens Mayer-Ladewig / Bertold Huber in: Jens Meyer-Ladewig / Martin Nettesheim / Stefan von Rauma (Hrsg.), EMRK. Europäische Menschenrechtskonvention, Handkommentar[4] (Baden-Baden 2017), Rz. 16 zu Art. 2, S. 72, mit Darstellung der diesbezüglichen Spruchpraxis.
70 https://dejure.org/dienste/vernetzung/rechtsprechung?Gericht=EGMR&Datum=31.12.2222&Aktenzeichen=47621%2F13 [26.7.2021, 22:45].
71 Heinz Mayer / Gerhard Muzak, Das österreichische Bundes-Verfassungsrecht[5] (Wien 2015), S. 684.
72 Alexander Hiersche / Kerstin Holzinger / Birgit Eibl, Handbuch des Epidemierechts unter besonderer Berücksichtigung der Regelungen betreffend COVID-19 (Wien 2020), S. 10 ff.
73 Tiroler Tageszeitung, Infizierte Tiroler Pflegeleiterin trat Dienst an: Prozess endete mit Freispruch (28.5.2021) via: https://www.tt.com/artikel/30792551/infizierte-tiroler-pflegeleiterin-trat-dienst-an-prozess-endete-mit-freispruch [31.7.2021, 12:40].
74 Verena Murschetz in: Frank Höpfel / Eckhard Ratz, Wiener Kommentar zum Strafgesetzbuch[2] (Wien 2020), Rz. 6-14 zu § § 178, 179, S. 50 ff.
75 Alois Birklbauer in: Reinhard Resch (Hrsg.), Das Corona-Handbuch. Österreichs Rechtspraxis zur aktuellen Lage (Wien 2020), Rz. 16-24, S. 408 ff.
76 Thomas Fischer, Strafgesetzbuch mit Nebengesetzen[64] (München 2017), Rz. 2-3 zu § 229, S. 1626. Weiters Lukas Cerny / Johannes Makepeace, Coronavirus, Strafrecht und objektive Zurechnung, in: Kriminalpolitische Zeitschrift 3/21 via: https://kripoz.de/2020/05/19/coronavirus-strafrecht-und-objektive-zurechnung/ [26.7.2021, 23:15].
77 Max Fawcett, Enough carrots – Canada needs to use the stick for COVID anti-vaxxers in: National Observer (20.7.2021) via: https://www.nationalobserver.com/2021/07/20/opinion/canada-herd-immunity-covid-anti-vaxxers [25.8.2021, 15:00].
78 Mitteldeutscher Rundfunk, Vier Szenarien für die nächste Corona-Welle im Herbst (13. 7. 2021) via: https://www.mdr.de/wissen/corona-delta-vierte-welle-modell-simulation-100.html [27.7.2021, 23:00].
79 Robert Koch-Institut, Vorbereitung auf den Herbst/Winter 2021/22 (22.7.2021) via: https://www.rki.de/DE/Content/InfAZ/N/Neuartiges_Coronavirus/Downloads/Vorbereitung-Herbst-Winter.html [24.7.2021, 22:45].
80 Mitteldeutsche Rundfunk, Vier Szenarien für die nächste Corona-Welle im Herbst (13. 7. 2021) via: https://www.mdr.de/wissen/corona-delta-vierte-welle-modell-simulation-100.html [27.7.2021, 23:00].
81 Stefan Kaufmann, Impfen. Grundlagen, Wirkung, Risiken (München 2021), S. 131.

82 Ullrich Fichtner, Mit Vollgas in die Impflücke, in: Der Spiegel 29/2021 (17. 7. 2021), S. 14.
83 Florian Klenk, Brauchen wir eine Impfpflicht?, in: Falter 30/21 (Juli 2021), S. 5.
84 Ständige Impfkommission, Risiko des Impfens und das noch größere Risiko, nicht geimpft zu sein. Wissensstand, Wissenslücken und Schlussfolgerungen, via: https://www.rki.de/DE/Content/Infekt/Impfen/Bedeutung/Downloads/Dittmann_Risiko.pdf?__blob=publicationFile [26.8.2021, 16:10].
85 Martin Hirte, Impfen. Pro & Contra. Das Handbuch für die individuelle Impfentscheidung (München 2012), S. 19.
86 The Road to Somewhere: The Populist Revolt and the Future of Politics (London 2017).
87 Lukas Matzinger, Das Leben der Anderen, in: Falter 32/21 (August 2021), S. 34.
88 RP Online, Spahn und Laschet halten Mundschutz-Pflicht für nicht erforderlich (31.3.2020) via: https://rp-online.de/panorama/coronavirus/coronavirus-spahn-haelt-mundschutz-pflicht-fuer-nicht-erforderlich_aid-49846889 [31.7.2021, 20:20].
89 Deutsche Bundesregierung, Maskenpflicht in ganz Deutschland (29.4.2020) via: https://www.bundesregierung.de/breg-de/themen/coronavirus/maskenpflicht-in-deutschland-1747318 [31.7.2021, 20:00].
90 Die Tageszeitung, Neuseelands Premierministerin. Die Kommunikatorin (30.5.2020), via: https://taz.de/Neuseelands-Premierministerin/!5686875/ [31.7.2021, 16:20].
91 Vee Noble, Kommunikation, Transparenz und Vertrauen: Wie eine erfolgreiche Pandemiebekämpfung in Neuseeland gelingen konnte, in: Nexus News Agency, News for civil Society (24.12.2020) via: http://www.nna-news.org/de/nachrichten/artikel/?tx_ttnews%5Btt_news%5D=2841&cHash=c6c01246065a7ec9ddfdc81387ef8cea [31.7.2021, 16:45).